der perfekte businessplan
für die gastronomie

GEROLD DAWIDOWSKY

der perfekte businessplan

für die gastronomie

So überzeugen Sie gut vorbereitet mit Ihrem Konzept

GEROLD DAWIDOWSKY

MATTHAES VERLAG GMBH

© Mix

Produktgruppe aus vorbildlich bewirtschafteten
Wäldern, kontrollierten Herkünften und
Recyclingholz oder -fasern
www.fsc.org Zert.-Nr. SGS-COC-003210
© 1996 Forest Stewardship Council

ISBN 978-3-87515-046-9
Lektorat: Redaktionsbüro Claudia Krader, München
Satz und Gestaltung: Marco Peters, Matthaes Verlag, Stuttgart
Umschlaggestaltung: Büroecco Kommunikationsdesign GmbH, Augsburg
©2010 Matthaes Verlag GmbH, Stuttgart
Printed in Germany

VORWORT

Herzlichen Glückwunsch, Sie haben sich richtig entschieden! Gerade in der Gastronomie mit bundesweit etwa 40 000 Neugründungen jährlich ist es von größter Wichtigkeit, sich durch gute Planung von seinen Mitbewerbern abzuheben.

Durch den Kauf dieses Ratgebers haben Sie sich einen Vorteil gegenüber Ihren, oft nur nach dem Gefühl arbeitenden Kollegen und Konkurrenten verschafft. Denn der ungebrochene Trend zur Existenzgründung in der Gastronomie hat leider auch seine Schattenseiten. Schlecht geplante und schlecht durchdachte Konzepte haben schon viele hoffnungsvolle Einsteiger in den Ruin geführt.

Als Existenzgründer oder auch bei der Neukonzeption bestehender Betriebe ist es heutzutage unerlässlich, sich vorweg gründlich mit seiner Idee auseinanderzusetzen. Wer Geldgeber dazu bewegen will, ein Projekt zu finanzieren oder mit Zuschüssen zu unterstützen, muss einen gut durchdachten Businessplan vorlegen. Banken, Brauereien, staatliche Institutionen oder private Investoren können nur durch einen solchen Plan davon überzeugt werden, dass sich Ihr Konzept als tragfähig und erfolgsversprechend erweisen wird. Und nicht nur für Außenstehende ist das »Drehbuch für Ihr Unternehmen« wichtig.

Bedenken Sie beim Ausarbeiten stets, dass der Businessplan in erster Linie für Sie selbst den größten Nutzen bietet. Er ist eine Leitlinie dafür, wie Sie Ihr Konzept erfolgreich umsetzen können. Er gibt Ihnen die Sicherheit, dass Ihre Gründung detailliert vorbereitet ist und Sie die Chancen und Risiken Ihres Vorhabens kennen.

Das heißt auch: Mit dem Ausarbeiten eines Businessplans stellen Sie bereits erste Unternehmerqualitäten unter Beweis.

Im Übrigen ist das für den Start ausgearbeitete Konzept auf Dauer angelegt und sollte in regelmäßigen Abständen zur Überprüfung der Unternehmensentwicklung herangezogen werden.

Erfolgreiche Gastronomen überprüfen ihren Businessplan laufend: Hat sich meine Zielgruppe verändert? Wie verhält sich die Konkurrenz? Liege ich mit meinem Angebot noch im Trend? Ist es sinnvoll, die Preispolitik zu überdenken? Bin ich auf Kurs und stimmen die gesetzten Umsatzziele und die Kosten überein? Alles Fragen, bei denen ein Businessplan als Grundlage dafür dient, die Geschäftsentwicklung im Auge zu behalten.

Je durchdachter und detaillierter Ihr Geschäftsplan ausgearbeitet ist, desto größer ist Ihre Chance auf Erfolg. Durch diesen Ratgeber möchte ich Sie auf Ihrem Weg unterstützen. Nutzen Sie Ihre Möglichkeiten und bringen Sie durch professionelle Planung Ihr Konzept von Anfang an auf Gewinnkurs.

Viel Erfolg und gutes Gelingen!

Lüneburg, im März 2010

Gerold Dawidowsky

INHALT

GRUNDSÄTZLICHES

Was ist ein Businessplan?

Der aus dem Englischen stammende Begriff »Businessplan« bedeutet nichts anderes als »Geschäftsplan« und ist eine schriftliche Zusammenfassung Ihres unternehmerischen Vorhabens. Basierend auf Ihrer Geschäftsidee wird in diesem Plan das Unternehmensziel und die Umsetzungsstrategie formuliert und dokumentiert. Zudem werden alle betriebswirtschaftlichen und finanziellen Aspekte des Unternehmens betrachtet und festgehalten.

Durch die schriftliche Fixierung verhilft der Geschäftsplan zu einer strukturierten Vorgehensweise. Darüber hinaus ist er ein Medium, das Ihr Geschäftskonzept nach außen darstellt, und deutlich macht, dass mit dem beschriebenen Konzept Geld zu verdienen ist. Damit bildet er die unerlässliche Grundlage für Gespräche mit Banken, Brauereien, Beratern, Kooperationspartnern, Bürgen oder privaten Investoren.

Sinn und Zweck

Meist werden die Bedeutung und der Aufwand für das Verfassen eines Businessplans von den angehenden Unternehmensgründern sträflich unterschätzt. Viele zukünftige Gastronomen glauben, dass das eigene Vertrauen in das Geschäftskonzept und ein gewisses Maß an fachlichem Wissen ausreichen, um erfolgreich ein Unternehmen zu gründen. Oberflächlichkeit und die Unfähigkeit, eigene Fehler zu erkennen, führen immer wieder direkt in den finanziellen Ruin von hoffnungsvollen Gastronomen.

Als Liebhaber von Kängurusteaks ein australisches Restaurant zu eröffnen und dabei nicht die Nachfrage und die Bedürfnisse des Marktes zu berücksichtigen ist nicht nur bodenloser Leichtsinn, sondern zeugt von einer wenig professionellen Vorbereitung.

Richten Sie Ihr Konzept immer an der aktuellen Marktlage aus und beachten Sie dabei anhaltende und erfolgreiche Trends. Je mehr Sie sich bei der Ausarbeitung des Businessplans mit dem Grundgedanken Ihres Konzeptes auseinandersetzen, desto größer ist die Aussicht auf Erfolg.

Denn nach dem Start ins Unternehmertum werden in schlechten Zeiten häufig Ausreden für Umsatzeinbußen gefunden: Oft ist das Wetter, dann die Urlaubszeit oder das Monatsende verantwortlich.

Gehen Sie einen anderen Weg und setzen Sie sich offensiv mit der Marktlage und dem Bedarf in Ihrer Region auseinander. Suchen Sie erfolgreiche und positive Beispiele und ziehen Sie Vergleiche mit Ihrem Konzept. Berücksichtigen Sie von Anfang an mögliche Umsatzschwankungen und wirken Sie ihnen durch einen detailliert ausgearbeiteten Marketingplan und spezielle Angebote für umsatzschwache Zeiten entgegen.

Orientieren Sie sich zum Beispiel am Einzelhandel, der durch wöchentliche Prospekte und Sonderaktionen seine Kunden in die Läden lockt, und preisen Sie Ihre Angebote in Ihrem Einzugsgebiet mit professionellen Flyern an. Zeigen Sie der Welt, dass es Sie gibt. Machen Sie Ihren zukünftigen Gästen klar, warum sie genau zu Ihnen kommen müssen.

Ein Marketingplan und der dazu gehörende Budgetentwurf sind unerlässliche Bestandteile eines guten Businessplans. Dort zeigen Sie Investoren und Banken, dass Sie auf den Wettbewerb vorbereitet sind und wissen, worauf Sie sich einlassen.

Viele Gastronomiebetriebe sind von der Rezession und Finanzkrise betroffen. Die Insolvenzen häufen sich. Ausgehen wird zum Luxus, Cocooning ist angesagt und Partys feiert man Zuhause. Kaufzurückhaltung und Preissensibilität prägen das Verhalten der Gäste. Der Preis ist oft wichtigstes Entscheidungskriterium. Ein Preiskampf lässt sich aber nur mit gut ausgearbeiteten Kalkulationsgrundlagen überstehen. Das belegt den hohen Stellenwert eines kalkulatorisch und betriebswirtschaftlich gut ausgearbeiteten Zahlenteils im Businessplan.

Sinn und Zweck eines solchen Plans ist nicht, dass Sie bedrucktes Papier bereithalten zur Vorlage beim Sachbearbeiter Ihrer Bank oder bei der Stelle, die über Fördermittel und Zuschüsse entscheidet. Sinn und Zweck ist das ehrliche und offene Hinterfragen des eigenen Geschäftskonzeptes.

Der Businessplan ist Ihre Gelegenheit, ein schlüssiges Geschäftskonzept auszuarbeiten und außerdem erfolgsversprechende Wege für einen ausreichenden Unternehmensertrag sicherzustellen.

Der Businessplan ist Kontrollwerkzeug, um gesteckte Ziele zu überprüfen

Nutzen und Vorteile

Ein Businessplan zeigt, dass Ihr Konzept durchdacht ist, und hilft Ihnen, andere von Ihrem Vorhaben zu überzeugen.

Allein durch die Ausarbeitung beweisen Sie Unternehmerqualitäten und Sensibilität für die Komplexität einer Geschäftsgründung. Konzeptionelle Fehler und Lücken werden sichtbar. Durch die Ausarbeitung erhalten Sie Klarheit über Ihr Konzept und verdeutlichen Aussagen zur Angebotspalette, dem Preisgefüge, der Zielgruppe, zur Marketingstrategie und der Finanzplanung. Der Businessplan dient als Kontrollwerkzeug, um die gesteckten Ziele zu überprüfen und um diese gegebenenfalls zu korrigieren. Probleme können so schon im Vorfeld erkannt und gelöst werden.

Der fertige Geschäftsplan ermöglicht einen Gesamtüberblick über das Vorhaben, erleichtert die Umsetzung Ihrer Geschäftsidee und erhöht die Erfolgsaussichten. Er hilft Ihnen, Chancen und Risiken besser einschätzen zu können.

Merkmale und Erwartungen

In einem Businessplan werden von Ihnen Daten, Fakten, Zahlen und ein klar benanntes Alleinstellungsmerkmal mit einem konkreten Marketingplan erwartet. Denn Investitionen in Ihre Idee erfolgen nur bei Überzeugung vom Erfolg Ihres Konzeptes.

Versetzen Sie sich in die Situation eines Bankmitarbeiters und fragen Sie sich, welche Kriterien für Sie wichtig wären und wie Sie handeln und entscheiden würden, wenn Sie Ihr Geld in einem fremden Unternehmen anlegen würden. Sprechen Sie in der Vorbereitungsphase mit einer fachkundigen Stelle wie der IHK, einem Gründungsberater oder einem Steuerberater über die Erwartungshaltung in Bezug auf einen Businessplan.

Ein gut gemachter Businessplan ist sachlich und klar strukturiert. Er gibt eindeutige Antworten auf Fragen im Bereich Kosten und Gewinnerwartung und konzentriert sich auf das Wesentliche. Er muss in sich schlüssig, verständlich und leicht lesbar geschrieben sein.

In den Anhang des Businessplans gehören Beispiele, die einzelne Punkte näher beleuchten, wie z. B. ein Auszug aus der Speisekarte, Fotos oder ein Grundriss des Lokals, das Sie anmieten wollen, oder detaillierte Finanzpläne, die im Kernteil den Lesefluss stören würden.

Häufige Fehler

Nehmen Sie die Ausarbeitung ernst. Sie machen sich die Arbeit in der Hauptsache für sich und nicht für andere. Und denken Sie keinesfalls, Sachbearbeiter in anderen Branchen verstehen nichts von Gastronomie und von den Erfolgsaussichten eines Gastronomiekonzeptes.

Meinungen von Außenstehenden sind mindestens genauso wichtig wie Ihre eigene Überzeugung vom Konzept. Schließlich leben Sie als Gastronom davon, dass andere Ihre Gastronomieidee für gut befinden und Sie als Gast besuchen. Denn häufig ist ein Konzept zu sehr auf eigene Vorlieben abgestimmt und verfehlt den Bedarf und die Nachfrage des Marktes.

Öffnen Sie sich, betrachten Sie die aktuelle Marktlage, informieren Sie sich über erfolgreiche Konzepte und vergleichen Sie. Jagen Sie aber auch nicht gleich jedem Trend hinterher. Modetrends sind häufig viel zu kurzlebig, um wenigstens die Investitionskosten einzuspielen.

Der größte Fehler, den Sie beim Abfassen Ihres Businessplans machen können, ist oberflächliches Vorgehen. Sie müssen an einer klaren Struktur arbeiten, einen zielorientierten Marketingplan liefern, Ihre Zielgruppe genau eingrenzen, Ihr Alleinstellungsmerkmal herausarbeiten und im Finanzteil mit gutem Zahlenmaterial glänzen. Damit erhält Ihr Vorhaben für Außenstehende die nötige Plausibilität.

Vermeiden Sie oberflächliches Vorgehen

»Das Auge isst mit.« – Jeder Gastronom kennt diesen Spruch; und er ist richtig. Und das trifft auch auf den Businessplan zu. Loses Blattwerk war für Finanziers sicher schon häufig der Grund, ein an und für sich gutes Konzept abzulehnen. Eine optisch ansprechende Gestaltung ist also ebenfalls wichtig.

Wie Sie aus Ihrem Konzept einen durchdachten Businessplan erstellen, sehen Sie Schritt für Schritt in den nächsten Kapiteln.

SO WIRD'S GEMACHT

Organisieren Sie sich

Zielgerichtetes Planen und strukturiertes Arbeiten am Schreibtisch zählen für die meisten Gastronomen nicht zu den Lieblingsbeschäftigungen. Ein gewisses Maß davon ist allerdings unumgänglich – sonst wird die Umsetzung eines Konzepts wahrscheinlich für immer ein Traum bleiben.

Die folgenden Tipps können Ihnen dabei helfen, auf möglichst wenig Umwegen Ihren eigenen Businessplan zu erarbeiten.

Formulieren Sie Ihr Ziel messbar attraktiv

Ziele formulieren

Formulieren Sie Ihr Vorhaben schriftlich und benennen Sie klar und deutlich, was Sie erreichen wollen. Wichtig ist, dass Sie Ihr Ziel messbar und attraktiv formulieren. Außerdem muss ein Zeitrahmen festgelegt werden.

Das könnte z. B. folgendermaßen aussehen:

Zu meinem Konzept werde ich einen Businessplan schreiben. Dieser wird zwischen acht und zwanzig Seiten umfassen und optisch ansprechend gestaltet sein. Durch sein Inhaltsverzeichnis ist er klar und übersichtlich strukturiert. Die Inhalte konzentrieren sich auf das Wesentliche.

Ich werde damit Investoren, Fachstellen, Banken etc. von mir und meinem Konzept überzeugen. Am 1. März werde ich eine erste Version fertig ausgearbeitet haben.

Nachdem ich mir von Außenstehenden ein Feedback eingeholt habe, werde ich die überarbeitete Version am (1. Mai) bei meiner Hausbank und der XY-Brauerei einreichen und danach erfolgreich präsentieren.

Legen Sie sich dann einen Ordner an, in dem alles erfasst wird, was mit dem Businessplan zu tun hat. Unterteilen Sie diesen mit Trennblättern in einzelne Bereiche, z. B. Ziele, Wochenpläne, Checklisten und in die einzelnen Bausteine des Businessplans. Dort heften Sie konsequent alles ab, was zum Thema Businessplan an Papier anfällt – auch Handschriftliches, wie z. B. Werbeideen oder Gestaltungsvorschläge.

14

Planen mit »Salamitaktik« und Mind Map

Einen Businessplan schreibt man nicht einfach nebenher. Das Geheimnis erfolgreicher Ziel- und Zeitplanung liegt in der sogenannten »Salamitaktik«: Zerlegen Sie die Gesamtaufgabe in übersichtliche Teilaufgaben und setzen Sie Prioritäten, was zuerst erledigt werden muss.

Als Hilfsmittel zur Ausarbeitung der notwendigen Bausteine für Ihr persönliches Gastronomiekonzept empfehle ich das Anfertigen einer Mind Map. Dieser »Gedankenplan«, das heißt Mind Map auf Deutsch, ist eine grafische Darstellung, die Beziehungen zwischen verschiedenen Bereichen deutlich und damit besser erfassbar macht.

Nehmen Sie dazu ein Blatt Papier zur Hand und schreiben Sie das Hauptthema in die Mitte des Blattes, in diesem Fall wäre das »Businessplan«.

Von dort aus zweigen Äste mit den Unterthemen ab, z. B. Mitarbeiter, Marketing, Finanzen. Diese Punkte werden wiederum in weitere Unterpunkte aufgegliedert. Beim Thema Marketing sind das unter anderem Öffentlichkeitsarbeit, Zeitungsanzeigen, Prospekte.

Eine Mind Map verschafft Überblick

Mind Map Businessplan

PRAXISBEISPIEL

– Finanzbedarf
– Personalkostenplan
– Fördermöglichkeiten
– Wirtschaftlichkeitsvorschau

– Standortanalyse
– Mitbewerbervergleich

– Mitarbeiterbedarf
– Tätigkeitsbeschreibung
– Organigramm

Standort

Finanzplanung

Innere Organisation

– Umfragebogen
– Zielgruppenwünsche

Konzept Bedarfsfrage

Businessplan

Zielgruppe

Marketing

– Rezeptkarten
– Speisen
– Lieferantenauswahl
– Getränke
– Preisgestaltung

Angebotspalette

– Marketingmaßnahmen
– Marketingbudget
– Aktionsplan

Mit Hilfe einer solchen Mind Map lassen sich die verschiedensten Themen ordnen und kreativ bearbeiten. Auf das Thema Mind Mapping tiefer einzugehen, würde allerdings den Rahmen dieses Buches sprengen. Sollten Sie mehr darüber erfahren wollen, recherchieren Sie am besten im Internet. Dort gibt es eine Fülle an Informationen zu diesem Thema.

Für Ihren Bedarf reicht im Allgemeinen das Basiswissen vollkommen aus, und für das Anlegen einer Mind Map benötigen Sie nichts weiter als ein Blatt Papier und einen Stift.

Mit kleinen Schritten zum Erfolg

Prioritäten setzen

Entscheiden Sie jeden Tag aufs Neue, welcher Punkt für Sie wichtig ist und woran Sie bei Ihrem Businessplan weiterarbeiten wollen. Schreiben Sie jeden Tag eine ganz persönliche To-Do-Liste. Benennen Sie dabei immer, klar und deutlich, welcher Abschnitt des Businessplans bearbeitet werden soll.

Nehmen Sie sich dabei nicht zu viel vor. Kleine Schritte bringen mehr und schnellere Erfolge. Belohnen Sie sich für erledigte Bausteine, unternehmen Sie etwas, das nichts mit Ihrem zukünftigen Unternehmerdasein zu tun hat und für Entspannung sorgt.

Zeitplan aufstellen

Legen Sie sich einen Wochenplan an. Dort schreiben Sie, ähnlich einem Stundenplan, all Ihre Aufgaben, Aktivitäten und Termine mit Zeitangabe auf. Machen Sie dies während der gesamten Projektphase. Woche für Woche.

Mit Hilfe dieses Plans können Sie klar erkennen, welche Zeiträume Ihnen für Ihren Businessplan zur Verfügung stehen und ob Sie sich mehr Freiraum schaffen müssen.

Unterteilen Sie dann den Businessplan in einzelne Bausteine und notieren Sie sich daneben den jeweiligen, ungefähren Zeitbedarf. Seien Sie dabei großzügig und planen den Zeitaufwand nicht zu knapp.

Legen Sie fest, zu welchem Termin der Businessplan fertig sein soll. Tragen Sie dazu auf einem Zeitstrahl jeden Baustein mit genauer Bezeichnung und dem Datum der geplanten Fertigstellung ein.

Drucken Sie sich eine Wochenübersicht aus dem Internet aus und heften Sie diese in Ihrem Businessplan-Ordner ab oder nehmen Sie dafür ein Zeitplanbuch. Tragen Sie dort alle Aktivitäten ein. Vereinbaren Sie feste Zeiten für sich selbst, zu denen Sie ungestört an Ihrem Businessplan arbeiten können. Sorgen Sie beim Ausarbeiten möglichst für eine störungs- und ablenkungsfreie Umgebung.

Dranbleiben lohnt sich

Erlauben Sie sich auch, einmal keine Lust zum Schreiben zu haben und nehmen Sie sich zwischendurch eine kleine Auszeit. Gehen Sie an die frische Luft, machen Sie einen kleinen Spaziergang oder was Sie sonst entspannt. Im Anschluss tasten Sie sich unverkrampft und locker an Ihre Aufgabe heran.

Überlisten Sie Ihren inneren Schweinehund und malen Sie sich in Gedanken den fertigen Businessplan aus. Stellen Sie sich vor, wie dieser fertig vor Ihnen liegt: Wie Sie mit sich und dem Erarbeiteten zufrieden sind und wie sich Glücksgefühle einstellen. Wie Ihr Kredit oder Antrag bewilligt wird und Sie Anerkennung und Lob für die überzeugende Ausarbeitung erhalten.

Scheuen Sie sich nicht Hilfe zu holen, wenn Sie nicht weiterkommen. Vielleicht gibt es ja im familiären Umfeld oder Freundeskreis jemanden, der Sie unterstützen kann.

Wie geht's weiter?

Planen Sie einen Zeitaufwand von mindestens vier bis zwölf Wochen zum Schreiben Ihres Businessplanes ein, je nachdem, wie viel Zeit Sie für das Schreiben aufbringen können und wie leicht es Ihnen von der Hand geht. Unter Umständen kann es aber auch mehrere Monate in Anspruch nehmen, bis Ihr Businessplan fertig ist. Fangen Sie also so früh wie möglich an, für Ihr Gastronomiekonzept zu recherchieren und Fakten zu sammeln.

Beim Schreiben eines Businessplans entsteht oft eine Art »Betriebsblindheit«. Zeigen Sie deshalb nach der Fertigstellung des ersten Entwurfs Familienmitgliedern, Freunden, Kollegen und Bekannten, was Sie geleistet haben und bitten Sie sie um eine offene und ehrliche Meinung. Dabei ist es unerheblich, ob diese wissen, wie ein Businessplan auszusehen hat oder ob sie Gastronomie-

Beziehen Sie Außenstehende ein!

Fachkenntnisse haben. Nehmen Sie alle Rückmeldungen ernst. Seien Sie zugänglich für Kritik und sehen Sie diese als etwas Positives an. Sehen Sie auch in einer scheinbar vernichtenden Rückmeldung die Möglichkeit, Fehler zu finden und zu verbessern.

Legen Sie den Plan nach Fertigstellung zwei bis drei Tage beiseite, bevor Sie sich an die Überarbeitung machen. Gehen Sie die einzelnen Bausteine noch einmal durch und prüfen Sie ganz am Schluss die Rechtschreibung und vor allem den Zahlenteil auf Richtigkeit.

Sind Sie selber nicht geübt im Schreiben, Formulieren und Gestalten, müssen Sie sich Hilfe holen. Eine Möglichkeit besteht zum Beispiel darin, einen professionellen Schreibservice in Anspruch zu nehmen, der Ihnen z. B. Handschriftliches in eine ansprechende Form bringt oder Korrektur liest. Lokale Anbieter finden Sie im Internet oder auch in Ihrem örtlichen Telefonbuch. Geben Sie den Begriff »Schreibservice« und den Namen Ihrer Stadt in eine Suchmaschine ein und Sie werden sicher fündig werden.

BAUSTEINE UND GESTALTUNG

Beschränken Sie sich auf das Wesentliche!

Mit klarer Form und ansprechender Optik punkten

Ihr Businessplan repräsentiert Ihr Unternehmen und ist oft die erste Informationsquelle für Dritte. Er sollte nicht nur inhaltlich stimmig, sondern auch optisch ansprechend gestaltet sein. Nur die wesentlichen Fakten gehören in Ihren Businessplan. Er sollte sich durch eine klare Gliederung sowie eine einfache und verständliche Ausdrucksweise auszeichnen. Vermeiden Sie lange, verschachtelte Sätze. Der Plan soll dem Leser Ihr Vorhaben nur stichpunktartig erläutern. Der Umfang des Businessplans sollte, je nach Größe des Projekts, zwischen acht und zwanzig Seiten betragen.

Auch die äußere Form ist wichtig. Sie wissen ja: Der erste Eindruck entscheidet! Legen Sie ein einheitliches Seitenformat fest. Dazu gehören sich wiederholende Kopf- und Fußzeilen. Wählen Sie eine gut lesbare, klare und durchgängig gleichbleibende Schriftart und Schriftgröße. Halten Sie diese Formatierungen bei allen Dokumenten und Unterlagen ein und scheuen Sie sich auch hier nicht Hilfe zu holen, wenn Sie Schwierigkeiten mit der Gestaltung haben. Fragen Sie Freunde und Bekannte oder versichern Sie sich der professionellen Hilfe eines Schreibdienstes.

Um Ihren Businessplan angemessen präsentieren zu können, wählen Sie einen ansprechenden Einband aus. Gehen Sie in einen Copyshop und lassen sich Ihr fertiges Werk professionell binden. Welches Layout und welche Bindeform Sie auswählen ist Geschmackssache. Achten Sie dabei auf jeden Fall auf einfache Handhabung. In der Praxis hat sich beispielsweise die Ringbuchform bewährt. Darüber hinaus sollten bei der Ausarbeitung ein paar einfache Prinzipien beachtet werden, die ich Ihnen im Folgenden kurz erläutern möchte.

Klar und einfach bleiben

Der Businessplan sollte eine klare Gliederung haben. Auch dafür ist eine überschaubare optische Aufbereitung von Nutzen. Wichtig ist, am Anfang des Businessplans Ihre Konzeptidee in einer knappen Zusammenfassung vorzustellen. Überzeugen Sie mit Übersichtlichkeit und klarer Struktur.

Angebot und Preisgestaltung erläutern

Verzichten Sie auf allgemeine Ausführungen und unnötige Fachbegriffe. Ihre Erläuterungen sollten vor allem das Neue, das Besondere Ihrer Angebotspalette hervorheben.

Geben Sie Kalkulationsbeispiele für Ihre Preisgestaltung und begründen Sie, warum Sie welche Produkte zu welchem Preis anbieten wollen. Ein Auszug aus Ihrer Speisekarte gehört in den Anhang.

Wettbewerber und Zielgruppe vorstellen

Überzeugen Sie darüber hinaus durch eine detaillierte Markt- und Konkurrenzanalyse. Benennen Sie Ihre Mitbewerber und machen Sie auch deutlich, wodurch Sie sich mit Ihrem Konzept von der Konkurrenz abheben.

Beschreiben Sie Ihre Zielgruppe möglichst genau, begründen Sie die Auswahl Ihres Standortes und erläutern Sie, warum diese Gäste zu Ihnen kommen und wie Sie sie an sich binden werden.

Marketingmaßnahmen beschreiben

Zeigen Sie, mit welchen Werbemitteln Sie Ihre Gäste auf sich aufmerksam machen und immer wieder aufs Neue überraschen wollen. Nutzen Sie dafür die gesamte Bandbreite des Marketing-Spektrums.

Alle Maßnahmen werden in einem Marketingplan zusammengefasst, der ebenfalls Bestandteil des Businessplans ist.

Finanzplan aufstellen

Beziffern Sie Ihren Kapitalbedarf und alle entstehenden Kosten (z. B. für Beratung, Umbau, Ausstattung, Wareneinsatz, Personal). Vergessen Sie den kalkulatorischen Unternehmerlohn nicht – Sie müssen in der Anlaufzeit auch von etwas leben!

Eine Wirtschaftlichkeitsvorschau schafft Transparenz und zeigt Ihre wirtschaftlichen Ziele auf.

Nehmen Sie sich ausreichend Zeit für die Ausarbeitung, holen Sie sich Vergleichszahlen, z. B. bei der Dehoga, und scheuen Sie sich nicht, bei drohenden Problemen professionelle Hilfe in Anspruch zu nehmen.

Das Wesentliche gut vorbereitet präsentieren

Fundierte Angaben sind unverzichtbar

Ein paar wenige Punkte sollten Sie bei der Ausarbeitung des Businessplans immer im Gedächtnis behalten. Wenn Ihnen das gelingt, haben Sie schon einen großen Schritt getan:

▶ Den roten Faden nicht verlieren

Achten Sie darauf, dass Ihr Konzept schlüssig dargestellt ist und sich der Leser wirklich eine Vorstellung von Ihrem Vorhaben machen kann. Geben Sie einen roten Faden vor, der Ihren Geschäftsplan strukturiert und für Orientierung sorgt.

▶ Weniger ist mehr

Konzentrieren Sie sich bei der Darstellung auf das Wesentliche. Beschränken Sie sich auf die zentralen Punkte Ihres Gastronomiekonzepts. Allgemeine Ausführungen z. B. über die Gastronomie als Branche oder Marketingtheorien sind hier fehlplaziert.

▶ Ausreichend Zeit für die Planung

Um bei Banken, Investoren oder Brauereien zu überzeugen, bedarf es eines gut ausgearbeiteten Konzepts. Gehen Sie nicht zum entscheidenden Bankgespräch, wenn Sie nicht wirklich gut vorbereitet sind. Vor allem wichtige Zahlen für die geplante Geschäftsentwicklung müssen Sie vorweisen können. Details zu den Grundlagen Ihrer Preisgestaltung (Kalkulationsgrundlagen) dürfen ebenfalls nicht fehlen.

Ohne fundierte Angaben wird es schwierig, den kritischen Fragen der Geldgeber standzuhalten. Mit tollen Ideen aufzuwarten reicht nicht aus. Sie müssen Bedarf und Wirtschaftlichkeit nachweisen und zeigen, dass Sie Markt und Mitbewerber richtig einschätzen können.

Defizite durch externe Hilfe ausgleichen

Eventuelle Defizite, sei es in betriebswirtschaftlicher Hinsicht, im Marketingbereich oder bei der Mitarbeiterführung, lassen sich durch entsprechende Seminare oder Workshops beseitigen oder aber durch externe Berater ausgleichen.

Gerade Quereinsteiger verfügen über wenig oder keine Erfahrung im Gastgewerbe. Sprechen Sie in diesem Fall mit anderen Gastronomen, holen Sie sich Rat bei Fachverbänden. Stellen Sie sich auf kritische Fragen ein: »Warum wollen gerade Sie ein Gastronomiekonzept verwirklichen?« Oder: »Was genau macht Sie zum Gastgeber?« Oder: »Warum glauben Sie, dass gerade Ihr Konzept erfolgreich sein wird?« Erst wenn Sie darauf wirklich lückenlose Antworten geben und diese auch belegen können, sind Sie bereit für ein Gespräch mit Geldgebern.

Übersichtlich gliedern

Die im Folgenden aufgeführte Struktur für Businesspläne hat sich in der Praxis bewährt und verschafft dem Leser schon beim Blick aufs Inhaltsverzeichnis eine Übersicht über Ihr Vorhaben.

PRAXISBEISPIEL

Die Struktur des Businessplans

1. Deckblatt
- optisch ansprechend gestaltet

2. Inhaltsverzeichnis
- alles Wichtige auf einen Blick

3. Überblick
- Konzept in Kurzform

4. Unternehmerpersönlichkeit
- persönliche und fachliche Kompetenzen

5. Unternehmen und Produkte
- Alleinstellungsmerkmal

6. Zielgruppe
- Gästestruktur

7. Markt- und Wettbewerbssituation
- Mitbewerber und eigene Stärken

8. Marketingkonzept
- Maßnahmen zur Gästegewinnung

9. Unternehmensorganisation
- Organigramm und Mitarbeiterprofile

10. Finanzplanung
- Investitionen, Kosten und Gewinn

11. Schlussbemerkung
- Ort, Datum, Unterschrift

Anhang
- Ergänzungen zum Businessplan, z.B. Kalkulationstabellen, Speisekarten, Fotos, Pläne

DER BUSINESSPLAN

Jetzt geht es los

Die Vorbereitungen sind abgeschlossen – jetzt können Sie loslegen. Bitte bedenken Sie: Die nachfolgenden Beispiele für unterschiedliche Gastronomiekonzepte sollen als Anhaltspunkte für Ihren ganz persönlichen Businessplan dienen und können natürlich nicht das ganze Spektrum der Möglichkeiten in der Gastronomie wiedergeben. Anhand von verschiedenen Anschauungsbeispielen wird Ihnen nun gezeigt, wie ein einfach umsetzbarer Businessplan ausgearbeitet wird, was seine wesentlichen Bestandteile sind und wie Sie ihn inhaltlich und optisch ansprechend gestalten können.

Wichtig ist, dass der Businessplan einheitlich ist. Verzetteln Sie sich aber nicht im Vorlagendschungel. Legen Sie zunächst Ihr Hauptaugenmerk auf die Inhalte. Die optische Aufbereitung kommt ganz zum Schluss. Verlieren Sie nie Ihr Ziel aus den Augen und vergessen Sie nicht, dass Sie den Businessplan in der Hauptsache für sich selbst schreiben.

Ein Hinweis in eigener Sache: Bitte beachten Sie, dass alle Sachverhalte und insbesondere die Werte im Zahlenteil völlig willkürlich gewählt wurden! Auch unsere Mustergastronomen sind frei erfunden und sollen nur als Anschauungsbeispiele dienen. Der Gesamtumfang eines tragfähigen Gastronomiekonzepts kommt in unserem Beispiel ebenfalls nur ansatzweise zum Ausdruck, denn ein Businessplan soll ausschließlich die wesentlichen Bestandteile Ihres Gesamtkonzeptes darstellen und Ihr Vorhaben für Außenstehende verdeutlichen.

> Erst Inhalt dann Optik!

Das Deckblatt

Das Deckblatt vermittelt den ersten Eindruck – und Sie wissen ja, der erste Eindruck zählt!

Auf dem Deckblatt steht der Name Ihres Unternehmens, wenn möglich mit Firmenlogo. Sollten Sie noch über kein Logo verfügen, reicht eine fett hervorgehobene Firmenbezeichnung vorerst aus. Beschreiben Sie kurz, worum es geht: »Businessplan zur Neueröffnung von ...«; oder: »Businessplan zum Relaunch von ...«; oder: »Businessplan zur Übernahme von ...«

Geben Sie außerdem Ort und Straße des Betriebes an, um dem Leser gleich eine Vorstellung über den Standort zu vermitteln. In der Regel verhandeln Sie mit Ortskundigen. Gestalten Sie den Titel aussagekräftig, indem Sie den Produktschwerpunkt oder Ihr Alleinstellungsmerkmal oder die Zielgruppe mit einbeziehen, also: »… das Restaurant für regionale Spezialitäten«; oder: »… die Designerbar im Retrolook«; oder: »… der Treffpunkt für Weinliebhaber.«

Nach Möglichkeit sollte schon das Deckblatt einen Hinweis darauf geben, welche Besonderheit Ihr Gastronomiekonzept aufweist.

Es folgen die Namen des oder der Verfasser mit Kontaktdaten wie Adresse, Telefon, E-Mail, Webseite. Passen Sie das Layout Ihrem Gastronomiekonzept an. Bei einem gutbürgerlichen Restaurant ist ein anderes Design zu wählen als bei einem trendigen Barkonzept.

Sie müssen kein Grafikdesigner sein. Schließlich sind Sie Gastronom. Eine saubere, aussagekräftige und übersichtlich angeordnete Darstellung reicht vollkommen aus.

PRAXISBEISPIEL   **Restaurant mit Partyservice**

Businessplan zur Neueröffnung des Restaurants

Olivia

Lüneburg

RESTAURANT – EVENTLOCATION – PARTYSERVICE

Das frische Restaurant mit Stil
Am Stintmarkt 11

Olivia Olive
Am Olivenbaum 22
21335 Lüneburg

04131/ 456 789   www.olivia.de
0150/ 999 80 80   info@olivia.de

Geschäftsplan

RESTAURANT

»Bei Muttern«

Hamburg
Elbdeich 234

Hausmannskost für alle!

Gleich neben dem Elbdeich wurde es entdeckt.
Kaum zu glauben und doch Wirklichkeit geworden.
Am 15. Oktober soll das mit viel Liebe zum Detail
im Stil der 1970er-Jahre eingerichtete Restaurant
»Bei Muttern« eröffnen.
Unter dem Motto: »Hausmannskost für alle«
werden Servicekräfte im Look der 1970er Gerichte
aus der Traditionsküche servieren.

Claudia Service   Peter Koch
Am Platz des Gastes 123   Herdplattenweg 1
20567 Hamburg   22678 Hamburg
040/781456   040/351915
0171/6767678   0172/ 7878789

Trendiger Barbetrieb

Businessplan

Shaker's
BAR & LOUNGE

München
Rosenstraße 88

Chill-out location for your mind

Ludwig Shaker
Barkeeper

Latin-Lover-Allee 1   0178/88888888
80331 München   shaker@online.de

Coffeeshop

Geschäftsplan zur Neukonzeption des Coffeeshops

La Crema
COFFEESHOP & SOUPBAR

Einkaufsmeile 2
Stuttgart

Lisa Duft
Bei der Kaffeemühle 3
70111 Stuttgart

070/711711   www.lacrema.net
0160/38194356   duft@crema.net

Das Inhaltsverzeichnis

Ein Inhaltsverzeichnis dient der strukturellen Gliederung und legt die Reihenfolge der Themen fest. Es ermöglicht dem Leser einen schnellen Überblick und zeugt von der Vollständigkeit des Businessplanes. Wecken Sie durch kurze Beschreibungen der Inhalte bereits Interesse. Achten Sie auf korrekt ausgewiesene Seitenzahlen. Überprüfen Sie diese vor Fertigstellung noch einmal auf Richtigkeit.

Richtige Angaben im Inhaltsverzeichnis sind unerlässlich

Restaurant mit Partyservice

PRAXISBEISPIEL

Speisegaststätte

INHALT

Die Gliederungen für das Bar- und das Coffeeshopkonzept sehen ähnlich aus.

Der Überblick

Der Überblick weckt
Interesse

Der Überblick (Betriebswirte nennen das auch »executive summary«) steht am Anfang des Businessplans und soll neugierig auf Ihr Konzept machen, das Interesse des Lesers an Ihrem Unternehmen soll geweckt werden.

Er enthält einen kurzen Abriss aller wichtigen Aspekte und soll Ihr Vorhaben in wenigen Sätzen darstellen. Damit fungiert er sozusagen als Appetizer, der zum Weiterlesen animieren soll. Dieser wichtige Baustein darf nicht mehr als ein bis zwei Seiten umfassen.

Der Überblick entscheidet häufig darüber, ob der Businessplan überhaupt weitergelesen und als tragfähiges Konzept angesehen wird. Anhand dieser Schilderung wird zwar nicht entschieden, ob Ihr Vorhaben förderfähig ist, doch es kann das Urteil Ihres möglichen Kapitalgebers negativ beeinflussen.

Heben Sie also wesentliche Merkmale hervor und verdeutlichen Sie die Besonderheit Ihres Konzeptes. Wichtig ist, dass Sie bereits ein möglichst klares und schlüssiges Bild vermitteln. Schreiben Sie den Überblick am besten erst dann, wenn alle weiteren Bausteine fertiggestellt und alle Fakten zusammengetragen sind.

Noch ein Tipp: Machen Sie sich, bevor Sie loslegen, eine Stichwortliste mit hervorstechenden Konzeptmerkmalen.

Überblick Restaurant

PRAXISBEISPIEL

Das Gastronomiekonzept

Durch die Verbindung von gutem Essen und modernem Lebensstil wollen wir unseren Gästen eine besondere Erlebniswelt schaffen.

In moderner Wohnzimmeratmosphäre bestimmen Wohlfühlcharakter und ein freundlicher Service das Bild.

Das Angebot umfasst eine kleine Standardkarte, in der es beispielsweise Klassiker wie »Paniertes Schnitzel vom Bioschwein mit gebratenen Drillingen aus der Heide« geben wird. Ergänzend bieten wir eine wöchentlich wechselnde Aktionskarte mit saisonalem Bezug. Auf eine Biozertifizierung wird verzichtet, um den Spielraum des Angebotes nicht allzu sehr einzuschränken und einen möglichst breiten Gästekreis ansprechen zu können.

Das Essen wird vor den Augen des Gastes in einer Showküche frisch zubereitet. Im angrenzenden Saal gibt es Möglichkeiten für die Ausrichtung von Betriebsfesten, Geschäftsveranstaltungen, Familienfeiern und eigenen Veranstaltungsreihen, wie zum Beispiel eines einmal im Monat stattfindenden Themenbüfetts.

Abgerundet wird das Konzept durch einen Partyservice für Veranstaltungen von bis zu 500 Personen. In diesem Bereich wurden Kooperationen mit einem Geschirr- und Ausstattungsverleih sowie einer Personalagentur eingegangen.

Mit diesem ausgewogenen Gastronomiekonzept und einer ausgeklügelten Marketingstrategie gehen wir an den Start und haben uns zum Ziel gesetzt, durch Qualität in allen Bereichen, das Restaurant für Menschen mit gutem Geschmack in Lüneburg und Umgebung zu werden.

PRAXISBEISPIEL **Überblick Speisegaststätte**

Das Konzept
Hausmannskost für alle! Bei uns wird frisch gekocht.

Das ist der Leitsatz, mit dem wir uns profilieren. Wir wollen uns abheben von dem Einheitsbrei, der überall angeboten wird. Hausgemachtes in bester Qualität wird unseren Gästen kredenzt. In lockerer Atmosphäre und in einem Restaurant im Stil der 1970er-Jahre, mit Bildern und Wohnaccessoires aus dieser Zeit, bescheren wir unseren Gästen ein unvergleichliches Erlebnis. Die Kleidung unserer Service-Mitarbeiter entspricht dem Stil der 1970er, ebenso wie die Hintergrundmusik.

Die außergewöhnlich gestaltete Speisekarte beinhaltet beliebte Standardgerichte aus dem Bereich Hausmannskost in einem akzeptablen Preissegment. Eine wöchentlich wechselnde Zusatzkarte rundet das Angebot ab. Zudem bieten wir einen günstigen Mittagstisch und abends spezielle Themenmenüs. Einmal im Monat findet eine 1970er-Jahre-Party mit Livemusik, Tanz, Fruchtbowle und einem Büfett statt.

Das Restaurant befindet sich in einer guten Lauflage. Es hat 50 Innenplätze und verfügt im Sommer über eine Außenterrasse mit weiteren 50 Sitzplätzen. Die Öffnungszeiten sind Montag bis Sonntag von 10:00 bis 24:00 Uhr, samstags bei Veranstaltungen bis 3:00 Uhr.

Wir wollen unseren Gästen Raum für eine Auszeit von der alltäglichen Hektik schenken und sie auf eine Zeitreise in die 1970er mitnehmen.

Überblick Barkonzept

Zusammenfassung
Chill Out!

Ein helles Ambiente in beigen Farbtönen empfängt unsere Gäste. Stehtische, Barhocker, eine lange Bar und bequeme Sessel charakterisieren die Bar. Im Hintergrund läuft leise New-Wave-Musik, eine sympathisch lächelnde Servicekraft serviert Latte Macchiato. Tageszeitungen, Zeitschriften und Journale liegen für unsere Gäste bereit. Eine spürbar angenehme Atmosphäre zieht sie in den Bann. Zeit zu lächeln, Zeit für eine Auszeit von geschäftiger Betriebsamkeit. Und für diejenigen, die es trotzdem nicht lassen können, steht ein kostenfreier Internetzugang zur Verfügung.

Kleine Speisen wie Bagels, Sandwiches, Salate und Suppen werden unseren Gästen serviert. Nachmittags gibt es Muffins und Blechkuchen zum Kaffee. Geöffnet ist ab 9:00 Uhr früh.

Ab 17:00 Uhr gibt es spezielle Angebote für unseren täglich stattfindenden After Work Club mit Happy Hour.

Ab 20:00 Uhr heißt es dann: »Shake it, Baby.« Leckere Cocktails vom Feinsten werden geboten.

Abgerundet wird das Abendprogramm am Wochenende mit Themenpartys, die von den angesagtesten DJ's der Stadt angeheizt werden.

Überblick Coffeeshop

Das Geschäftskonzept
Aus Liebe zum Kaffee!

Coffeeshops haben sich etabliert und sind in vielen Städten eine feste Größe auf dem Gastromarkt. Bei uns trifft man sich auf einen schnellen Kaffee, Espresso oder Cappuccino. Man legt bei Sandwich, Bagel und Kleingebäck mit Freunden, Kollegen oder auch alleine eine Pause ein.

Das Frühstücksangebot ist international und reicht vom Spiegelei mit Speck bis hin zu Pancakes mit Ahornsirup. Mittags sind Suppen, Salate und Burger der Renner. Kaffeespezialitäten werden in verschiedenen Größen angeboten, von small über medium bis large. Dazu liegen verführerische Kleinigkeiten wie Croissants, Muffins, Brownies und hausgemachter Kuchen für unsere Gäste bereit. Und selbstverständlich gibt es für Eilige alles auch zum Mitnehmen. Spezielle Angebote werden auf Tafeln präsentiert.

Selbstverständlich gibt es unsere qualitativ hochwertigen Kaffeesorten in 125, 250 und 500-Gramm-Paketen auch zu kaufen, gemahlen oder als ganze Bohnen. Ausgesuchte Teesorten bieten wir in denselben Gebindegrößen an.

Um zusätzlichen Umsatz zu generieren, gibt es bei uns, ähnlich wie bei einem spezialisierten Einzelhändler, Trendprodukte rund um das Thema Kaffee und Tee.

Als Quereinsteigerin erfülle ich mir mit dem Coffeeshop einen langgehegten Wunsch. Die dafür nötige Branchenkenntnis habe ich mir durch viele Besuche in vergleichbaren Coffeeshops und in Gesprächen mit deren Inhabern und anderen Gastronomen angeeignet.

Der Coffeeshop wird in der Nähe meines ehemaligen Arbeitgebers eröffnet, der Staatsgalerie Stuttgart. Zu meinen Gästen werden viele ehemalige Kollegen zählen, die mich durch Mundpropaganda im näheren Umfeld unterstützen werden. Hinzu kommen die vielen Mitarbeiter der zahlreichen Firmen aus der Umgebung als potenzielle Gäste in Frage.

Meine Vorliebe für selbstgemachten Kuchen wird sich schnell herumsprechen und stellt ein klares Alleinstellungsmerkmal gegenüber Mitbewerbern dar. Insgesamt lege ich größten Wert auf beste Qualität.

Mein Leitspruch lautet deshalb: Nur gute Qualität in allen Bereichen bringt zufriedene Gäste. Nur zufriedene Gäste kommen wieder. Nur durch diese Gäste werde ich den gewünschten Erfolg erzielen.

Die Unternehmerpersönlichkeit

Wer bin ich? Was kann ich? Was macht mich zum Unternehmer? Ein wichtiger Punkt, der meist nur mit einem tabellarischen Lebenslauf erledigt wird. Natürlich ist er auch notwendig. Doch viel wichtiger ist es, ein Bild von dem Menschen zu entwerfen, der hinter allem steckt! Beschreiben Sie Ihre Motive und beleuchten Sie förderliche Charaktereigenschaften. Zeigen Sie, dass Sie ein Unternehmertyp und den Herausforderungen der Existenzgründung gewachsen sind.

Der Alltag als Selbstständiger unterscheidet sich ganz erheblich von dem eines Angestellten. Zukünftig gilt es für Sie Entscheidungen zu treffen, die weitreichende Folgen haben könnten. Sie übernehmen Verantwortung für Ihre Mitarbeiter. Zeitaufwand und persönlicher Einsatz sind erheblich höher als für einen Angestellten, gerade in der Gastronomie sind Sie rund um die Uhr im Dienst. Beziehen Sie auf jeden Fall Ihr soziales Umfeld, Familie und Freunde, in Ihre Entscheidung ein und sichern Sie sich deren Unterstützung.

Sie müssen in Zukunft immer überzeugend auftreten – zuerst bei Kapitalgebern, Partnern und Antragsentscheidern und danach bei Gästen, Mitarbeitern, Lieferanten und Kooperationspartnern.

Bei mehreren Gründern sollten Sie die Qualifikationen jedes Partners aufführen und die jeweiligen Aufgaben- und Verantwortungsbereiche beschreiben. Bei mehreren Partnern müssen natürlich auch alle an der Ausarbeitung des Businessplans beteiligt werden: Es ist ja ein gemeinsames Projekt.

Beschäftigen Sie sich ausführlich mit Ihrer Persönlichkeit. Sie sind später die wichtigste Person im Unternehmen. Erstellen Sie eine Liste mit Eigenschaften, die für die Selbständigkeit sprechen, und eine Liste mit Eigen-

Der Unternehmer als zentrale Figur

schaften, die dagegen sprechen. Konzentrieren Sie sich auf Ihre Stärken und gleichen Sie Ihre Schwächen durch Schulungsmaßnahmen aus.

Der nachfolgende Fragenkatalog hilft Ihnen, sich über Ihre persönlichen Voraussetzungen klar zu werden. Je mehr Fragen Sie mit Nein beantworten müssen, desto dringender sollten Sie sich überlegen, ob eine Selbständigkeit in der Gastronomie für Sie wirklich der richtige Schritt ist.

CHECKLISTE   **Unternehmerpersönlichkeit**

Fachliche Voraussetzungen

- Haben Sie eine gastgewerbliche Berufsausbildung oder praktische Erfahrung im Gastgewerbe?
- Haben Sie kaufmännisches und betriebswirtschaftliches Wissen?
- Verfügen Sie bereits über Führungserfahrung und können Mitarbeiter motivieren, organisieren und kontrollieren?

Persönliche Voraussetzungen

- Sind Sie bereit, in den ersten Jahren Ihrer Existenzgründung mehr zu arbeiten als bisher?
- Haben Sie innerhalb Ihrer Familie den nötigen Rückhalt und hat Ihre Familie eine positive Einstellung zur Selbstständigkeit und ist mit Ihrem Vorhaben einverstanden?
- Sind Sie körperlich fit, gesund und leistungsfähig?

Motivation

- Können Sie sich selber motivieren, sich Ziele setzen und diese erreichen ohne den Druck eines Vorgesetzten?
- Sind Sie bereit in den Anfangsjahren weitgehend auf Urlaub, Freizeit und Privatleben zu verzichten?
- Können Sie Ihre zukünftige Tätigkeit im Betrieb genau beschreiben und Ihre Aufgaben benennen?

Finanzielle Voraussetzungen

- Sind Sie bereit und in der Lage sich in erster Zeit finanziell einzuschränken?
- Verfügen Sie über finanzielle Mittel um Durststrecken zu überbrücken?
- Haben Sie sich ausführlich über Fördermöglichkeiten und Finanzierungsvoraussetzungen informiert?

Kompetenz und Praxis

In diesem Teil beschreiben Sie kurz Ihren beruflichen Werdegang und heben die für das Vorhaben nützlichen Eigenschaften und Erfahrungen hervor.

Im Text sollten folgende Leitfragen beantwortet werden:

► Wie sehen Ihre fachlichen Qualifikationen aus?
► Inwieweit ist kaufmännisches Know-how vorhanden?
► Über welche Berufspraxis verfügen Sie?
► Welche Zusatzqualifikationen haben Sie erworben?
► Verfügen Sie über die nötigen persönlichen Voraussetzungen?
► Was hat Sie zum Schritt in die Selbständigkeit bewogen?

Falls Ihre Qualifikationen in bestimmten Bereichen Defizite aufweisen, sollten Sie beschreiben, wie Sie diese Lücken schließen wollen. Gehen Sie offen und ehrlich mit diesem Thema um. Erfahrene Prüfer merken, ob Mängel vorhanden sind. Führen Sie Weiterbildungsmaßnahmen, Seminare, Workshops an, die Sie besuchen wollen, um diese Mängel auszugleichen, oder nehmen Sie Hilfe und Unterstützung durch freie Mitarbeiter und Berater in Anspruch.

Gleichen Sie Mängel gezielt aus

Sollten Sie als Quereinsteiger über keinerlei Ausbildung oder Berufspraxis in der Gastronomie verfügen, konzentrieren Sie sich auf die Erfahrungen, die Sie für die Selbstständigkeit im Allgemeinen qualifizieren. Gehen Sie ausführlich auf Ihre Motive ein und führen Sie persönliche Interessen und Fähigkeiten an, die in Bezug auf Ihr gastronomisches Vorhaben von Vorteil sind.

Ganz wichtig: Zeigen Sie Begeisterung für Ihr Konzept.

Beruflicher Werdegang

Gestalten Sie Ihren Lebenslauf nicht zu detailliert. Niemand interessiert sich für Ihre Schulzeugnisse. Entscheidend sind persönliche und fachliche Kompetenzen, die Sie im Laufe Ihrer Berufstätigkeit erworben haben und die Sie für Ihr Unternehmen qualifizieren.

Auch ist Übersichtlichkeit und leichte Lesbarkeit wichtig. Eine kurze tabellarische Auflistung beruflicher Tätigkeiten und Ausbildungen hebt Ihre Fachkompetenzen und Praxiserfahrungen hervor.

Zusatzqualifikationen

Fortbildungen, Weiterbildungsmaßnahmen, Workshops, Seminare zeigen, dass Sie sich auf dem Laufenden halten und den Begriff »lebenslanges Lernen« verinnerlicht haben.

PRAXISBEISPIEL

Restaurant

Persönliche und fachliche Voraussetzungen
Kompetenz und Praxis

Nach meinem Realschulabschluss absolvierte ich eine Ausbildung zur Köchin. Im Rahmen dieser Ausbildung erhielt ich auch Gelegenheit, erste Erfahrungen im Service zu sammeln. In den folgenden Jahren erweiterte ich in verschiedensten Häusern – von gutbürgerlich bis Mittelklasse – meine Berufspraxis.

Der Gedanke, mich selbstständig zu machen und meine eigenen Ideen umzusetzen, wurde im Laufe der Zeit immer stärker. Also begann ich, Vorstellungen von meinem eigenen Restaurant zu entwickeln. Ich holte mir Anregungen bei anderen erfolgreichen Konzepten ein und stellte Überlegungen zur möglichen Zielgruppe meiner Produkte an.

Um meine betriebswirtschaftlichen Lücken zu schließen, belegte ich einen berufsbegleitenden Kurs an der Hotelfachschule.

Beruflicher Werdegang

2008	Gastronomieleitung DeLux, Hamburg
2006–2007	Küchenleitung Naturefood, Hamburg
2005	Stellvertretende Küchenchefin Compañero, Lüneburg
2002–2004	Köchin Lindenhof, Stuttgart
1999–2001	Kochausbildung Hotel In, München

Zusatzqualifikationen

2008–2009	Zweijährige berufsbegleitende Weiterbildung »Betriebswirtschaftliches Know-how in der Gastronomie« Hotelfachschule an der Weser
03/2008	Seminar »Gäste finden – Gäste binden« Marketingmaßnahmen im Gastgewerbe Dehoga Hamburg

36

06/2007	Seminar
	»Der Service macht den Unterschied«
	Vom Umgang mit dem Gast und seinen
	Wünschen, Gastro-Training, Rügen
2005	Ausbildereignungsprüfung, IHK Celle

Gaststätte

Das Führungsteam

Den Schritt in die Selbstständigkeit mit einem eigenen Restaurant haben wir, Claudia Service und Peter Koch, seit fünf Jahren geplant und vorbereitet.

Die Aufgabenverteilung sieht vor, dass Claudia Service die Verantwortung für Service, Gästebetreuung und Marketingaktivitäten übernimmt. Peter Koch ist verantwortlich für den Küchenbereich, die Preiskalkulationen und die Speise- und Getränkekarte. Die Partner übernehmen außerdem die Führung des Personals der jeweiligen Bereiche.

Beide Geschäftspartner investieren zu gleichen Teilen in das Unternehmen.

Lebenslauf Claudia Service / *15.10.1971

2001–2008	Restaurantleiterin,
	Restaurant Schnitzelhaus,
	mit Umsatz- und Personalverantwortung
1996–2001	Restaurantfachfrau,
	Bar Bistro Restaurant Tafelwerk
1988–1996	Restaurantfachfrau,
	Gasthaus Zur roten Traube
1985–1988	Ausbildung Restaurantfachfrau,
	Gasthaus Zum goldenen Hirsch

Lebenslauf Peter Koch / *11.11.1976

2004–2008	Sous-Chef mit Verantwortung
	für Wareneinkauf und Controlling,
	Restaurant Schnitzelhaus
1999- 2004	Chef Entremetier, Brauhaus Zur Krone
1997- 1999	Commis de Cuisine, Meiers Gasthaus
1994- 1997	Ausbildung zum Koch, Hotel Drei Linden

Barbetrieb

Der Gastronom

Seit 14 Jahren arbeite ich im Gastgewerbe und seit etwa
vier Jahren beschäftige ich mich mit der Planung und Umsetzung eines eigenen Barkonzepts.

Nach Abschluss eines Existenzgründer-Seminars bei der
IHK München entschied ich mich endgültig für den Weg
in die Selbstständigkeit. Unterstützung fand ich im Exis-
tenzgründer-Netzwerk München. Dort wurde mir viel Hilfe
für die Anfangsphase einer Gründung angeboten.

Bei der Finanzplanung und in allen betriebswirtschaftlichen Fragen werde ich durch meinen Steuerberater unterstützt, der mit seiner Erfahrung im Gastgewerbe eine
große Hilfe für die erfolgreiche Umsetzung meines Vorhabens ist.

Ausbildung

| 1994–1997 | Hotel Turm, Dresden – Hotelkaufmann |

Beruflicher Werdegang

seit
April 2009	in Gründungsvorbereitung
2007–2009	Caipi Lounge, München – Barchef
2006–2007	Oasis, München – Servicemitarbeiter
2004–2005	Buddha Bar, Stuttgart – Barmitarbeiter
2002–2003	Tanzpalast, Frankfurt – Service und Bar
2000–2001	Holiday Inn, Frankfurt – Empfang
1998–2000	Hotel Turm, Dresden – Empfang
1997–1998	Seniorenstift Freiberg – Zivildienst

Weiterbildung

| 2008 | Existenzgründer-Seminar, IHK München |
| 2007 | Bar-Akademie, München, Wochenendseminar »Geschüttelt oder gerührt? Wie mache ich's richtig?« |

Coffeeshop

Die Unternehmerin

Als Quereinsteigerin war es mir wichtig, mich gut auf die Gastronomie vorzubereiten. Deshalb habe ich durch ein Praktikum in einem Gastronomiebetrieb mit ähnlichem Konzept Einblicke in die Arbeits- und Produktionsabläufe erworben. Zusätzlich habe ich mich durch Kurse und Seminare auf meine gastronomische Zukunft vorbereitet.

LEBENSLAUF

Lisa Duft
geboren am 25. November 1969 in Stuttgart
geschieden, 1 Sohn (18 Jahre)

Schul- und Hochschulbildung

1979–1985   Gymnasium am Killesberg, Abitur
1985–1992   Studium der Kulturwissenschaften

Berufliche Erfahrungen

1992–1999   Kunstmuseum Stuttgart,
             Marketingmanagement
2000–2008   Staatsgalerie Stuttgart,
             Ausstellungs-Koordinatorin

Zur beruflichen Weiterbildung

1993   Marketing Akademie München,
        berufsbegleitende Weiterbildungsmaßnahme

Praktikum

2009   Black Bean Coffeeshop am Plantagenplatz,
        14-tägiges Betriebspraktikum

Besondere Kenntnisse und Interessen

2008   Barista-Seminar in Mannheim
2008   VHS Kurs »Betriebswirtschaft für Einsteiger«
2006   »World Kitchen –
        Kochen auf andere Art«, Kochkurs

Unternehmen und Produkte

In diesem Teil des Businessplans ist es Ihre Aufgabe, Ihr Unternehmen vorzustellen. Verdeutlichen Sie die Besonderheit oder das Alleinstellungsmerkmal Ihres Betriebes.

Verschaffen Sie dem Leser ein Bild von Ihrem Angebot. Legen Sie im Anhang einen Auszug aus der Speise- und Getränkekarte bei. Erläutern Sie die Preisgestaltung. Präsentieren Sie Kalkulationsbeispiele, um zu verdeutlichen, dass Sie gewissenhaft wirtschaften und genau wissen, welche Deckungsbeiträge ein Produkt abwirft.

Eine nur am Markt orientierte Preisgestaltung überzeugt keinen Banker. Sicher sind genaue Kenntnisse über die Konkurrenz wichtig. Eine ausschließlich am Markt orientierte Preisgestaltung macht jedoch keinen Sinn. Schließlich hat jeder Betrieb seine eigene Kostenstruktur, die es zu berücksichtigen gilt.

Zur Veranschaulichung des Objektes sind Zeichnungen zur Lage und zum Standort hilfreich. Erläutern Sie die Verkehrs- und Fußgängerfrequenz anhand eines Ausdrucks, um die Lage und die Erreichbarkeit Ihres Betriebes darzustellen. Dazu können Sie z. B. Routenplaner und Stadtpläne aus dem Internet nutzen.

Stellen Sie Ihr zukünftiges Unternehmen auf einer Homepage und/oder anhand eines eigens für den Businessplan erstellten Videos vor. Erläutern Sie darin Ihr Vorhaben und weisen Sie auf die Besonderheiten Ihrer Angebote hin. Dadurch lässt sich ein differenziertes Bild vom Antragsteller und seinem Projekt vermitteln.

Formulieren Sie Ihr Alleinstellungsmerkmal (USP = Unique Selling Proposition) in ein bis zwei Sätzen: Wodurch unterscheidet sich Ihr Unternehmen von anderen Betrieben im Umfeld, was ist die Besonderheit Ihres Angebotes?

Heben Sie Ihre Stärken hervor, sei es die Ausstattung und das Ambiente, sei es die Service- und Produktqualität oder aber die Einzigartigkeit Ihrer Lage. Auch in der Gastronomie gilt: Wer anders und besser ist als andere, der gewinnt am Ende!

Das Innenleben des Objektes lässt sich leicht anhand einer Bauzeichnung und durch Fotos vom Gastraum und der Küche darstellen und verdeutlicht, wovon Sie sprechen.

Bei Neueröffnungen genügen Bilder des Mobiliars oder eines ähnlichen Gastronomieobjektes, um einen ersten Eindruck zu vermitteln.

Alleinstellungsmerkmal hervorheben

Um ein erfolgversprechendes Gastronomiekonzept auf dem Markt durchzusetzen, ist es unverzichtbar, sich durch ein Alleinstellungsmerkmal klar zu positionieren. Damit verschaffen Sie sich einen Vorteil gegenüber den Mitbewerbern und machen nach außen deutlich, welche Hauptbestandteile Ihr Konzept aufweist.

Auch Ihren Mitarbeitern stellen Sie mit einer schriftlich ausgearbeiteten Beschreibung ein Hilfsmittel zur Verfügung, um die Besonderheit Ihres Gastronomiekonzeptes beispielsweise gegenüber Gästen überzeugend zu vertreten. Die so aufgezeigten Besonderheiten sollten authentisch, ehrlich und stimmig sein und mit dem Gesamtkonzept in Gleichklang stehen.

Um das Alleinstellungsmerkmal deutlich herauszuarbeiten, helfen die folgenden Fragen:

> Klare Positionierung durch klaren USP

Alleinstellungsmerkmal

CHECKLISTE

- ○ Welches sind meine Konzeptschwerpunkte?
- ○ Wodurch hebe ich mich von Mitbewerbern ab?
- ○ Welche Stärken weist mein Konzept auf?
- ○ Wo liegen meine persönlichen Stärken?
- ○ Was sind die Stärken meiner Mitarbeiter?
- ○ Was machen wir anders als die Mitbewerber?
- ○ Wie lautet mein Leitsatz?
- ○ Welches Ziel verfolge ich?

Objekt und Umfeld prüfen

Die Lage des Objektes ist ein wesentlicher Punkt, der in seiner Bedeutung große Beachtung verdient und einer ausgiebigen Analyse bedarf. Manchmal ist für den Erfolg eines Projekts bereits entscheidend, auf welcher Straßenseite das Objekt liegt, sozusagen auf der Sonnen- oder der Schattenseite.

Nehmen Sie sich Zeit, recherchieren Sie gründlich und machen sich vor Ort ein genaues Bild.

Objektumfeld

○ Wie ist der erste äußere Eindruck des Objektes?
○ Ist das Objekt gut sichtbar und wird es von Passanten wahrgenommen?
○ Liegt das Objekt auf der Sonnen- oder Schattenseite?
○ Ist die Außenwerbung ansprechend gestaltet und stimmt sie mit dem Konzept überein?
○ Sind die Eingänge leicht erreichbar und wirken sie einladend?
○ Gibt es ausreichend Parkmöglichkeiten?
○ Ist das Objekt einfach mit öffentlichen Verkehrsmitteln erreichbar?
○ Wie viele Mitbewerber gibt es in naher Umgebung?
○ Welche Konzepte sind unter Ihren Mitbewerbern vertreten?
○ Ist Lage und Objekt für Ihre Zielgruppe geeignet?
○ Befindet sich das Objekt in einem Wohn- oder in einem Geschäftsviertel?
○ Wie sieht die Bewohnerstruktur im Stadtteil aus?
○ Welche Gewerbestruktur besteht im Umfeld und wie kann diese genutzt werden?

Beleuchten Sie alle Aspekte des Objektumfeldes

Produkte, Anbieter und Preise vergleichen

»Ich bin doch nicht blöd.« So lautete lange Zeit eine Werbebotschaft, die fast jeder kennt. Inhaltlich ging es darum, keinen Vergleich zu scheuen. Und genau das sollten Sie auch tun.

Beim Vergleichen von Preisen geht es nicht darum, Gäste oder Lieferanten auszubeuten, sondern darum, ein der angebotenen Qualität angemessenes Preis-Leistungs-Verhältnis zu erhalten. Leben und leben lassen – so lautet die Devise. Bedenken Sie, welche Vorteile aus fairen Partnerschaften beispielsweise mit Lieferanten entstehen können. Beachten Sie dabei, dass Birnen nicht mit Äpfeln verglichen werden können. Die Preise eines Sterne-Restaurants werden Sie zum Beispiel in einer gutbürgerlichen Gaststätte mit Hausmannskost kaum durchsetzen können, und Fleisch aus biologischem Anbau werden Sie nicht zum gleichen Preis wie aus der Massentierhaltung bekommen. Wägen Sie sorgfältig ab, welches Produkt zu welchem Preis gekauft werden soll und welche Produkte Sie zu welchem Preis verkaufen wollen.

Produktauswahl
- Welche Produktqualitäten kommen für Sie infrage?
- Was bieten Ihre Mitbewerber an?
- Welche Produkte passen am besten zu Ihrer Angebotspalette?

Durch Vergleichen zum angemessenen Preis-Leistungs-Verhältnis

Anbietervergleich
- Lieferzeiten, Bestellabwicklung und Service in die Entscheidungsfindung einbezogen?
- Flexibilität, Entfernung und zeitliche Erreichbarkeit der Lieferanten beachtet?
- Liefer- und Zahlungsbedingungen verglichen?
- Einkaufspreise bei mindestens drei Anbietern eingeholt?

Verkaufspreisvergleich
- Für die gängigsten Produkte eine Preisvergleichsliste erstellt und diese mit den wichtigsten Mitbewerbern verglichen?
- In welchem Preissegment bewegen Sie sich (Tiefpreis- oder Hochpreis-Strategie)?
- Wo liegen die Preisschwellen für Ihr Angebot?

Verkaufspreise ermitteln

Für die sinnvolle Ermittlung von Verkaufspreisen sind drei entscheidende Faktoren von Bedeutung:
- Ihre Kosten
- Ihre Gäste
- Ihre Mitbewerber

Entscheidend für die Festlegung ist auch, in welchem Preissegment Sie sich innerhalb des Wettbewerbs positionieren wollen. Doch für welchen Bereich Sie sich auch entschieden haben – die Kalkulation ist unverzichtbar. Dafür stellen wir Ihnen kurz vier der gängigsten Methoden zur Preisermittlung vor.

Zuschlagskalkulation: Eine verbreitete Methode zur Ermittlung eines Verkaufspreises ist die Zuschlagskalkulation. Um einen auf Ihren Betrieb zugeschnitten Aufschlagsatz berechnen zu können, müssen Sie zunächst die Gemeinkosten ermitteln und dann die Warenkosten mit einem daraus errechneten Faktor multiplizieren. Das ist in der Praxis bei kleineren Betrieben zu aufwendig.

Einsatz von festen Kalkulationsfaktoren: Es werden meist einfach die branchenüblichen Kalkulationsfaktoren benutzt, die bei Speisen zwischen Faktor 3 und 3,5 und bei Getränken zwischen Faktor 3,5 und 8 liegen. Das heißt: Sie multiplizieren Ihren Einkaufspreis mit dem gewählten Faktor. Auf den so errechneten Grundpreis wird die jeweilige Mehrwertsteuer aufgeschlagen und das Ergebnis dann auf- oder abgerundet.

Auch für das Runden gibt es Regeln: Bei Preisen bis 20 Euro empfiehlt es sich, sich bei den Nachkommastellen auf zwei Stufen von 50 oder 90 Eurocent zu beschränken. Ab 20 Euro reicht eine Preisstufe nach dem Komma aus, am besten 90 Eurocent.

Der Nachteil dieser Art der Preiskalkulation: Weder der zeitliche Aufwand noch die tatsächliche Kostenstruktur Ihres Betriebes wird bei der Preisgestaltung berücksichtigt.

Aufschlagskalkulation: Eine Kalkulationsvariante, die das ermöglicht, sind feste Aufschläge. Diese Methode hat zum Ziel, einen vorher festgelegten Deckungsbeitrag für die jeweiligen Warengruppen zu erwirtschaften.

Sie müssen zuerst den notwendigen Aufschlag für die einzelnen Warengruppen ermitteln. Wie bei der Zuschlagskalkulation ist der Aufschlag so zu bemessen, dass die Gemeinkosten und der Gewinn abgedeckt werden.

Beispiel: Muss jedes Ihrer Hauptgerichte 8,00 Euro Deckungsbeitrag erwirtschaften, wird dieser Betrag einfach zum Wareneinsatz hinzugerechnet – schon haben Sie Ihren Nettoverkaufspreis.

Rückwärtskalkulation: Der Ausgangspunkt ist ein bestimmter Nettoverkaufspreis. Anhand seiner Höhe lässt sich errechnen, wie hoch die Wareneinsatzkosten sein dürfen. Diese Art der Kalkulation ist dann hilfreich, wenn Produkte vergleichbar sind oder Sie bestimmte Gerichte zu einem festgesetzten Preis anbieten möchten oder müssen, wie beispielsweise ein täglich wechselndes Mittagsgericht. So können Sie klare Vorgaben machen, welches Budget dem Koch für seinen Wareneinkauf zur Verfügung steht.

Branchenübliche Wareneinsatzquoten liegen bei Getränken zwischen 18 und 22 Prozent, bei Speisen zwischen

28 und 35 Prozent. Um diese Werte konstant zu erreichen, ist es hilfreich, Rezeptkarten auszuarbeiten. Die darin festgelegten Mengenangaben und Zubereitungsweisen schaffen Transparenz und Klarheit für alle Mitarbeiter in der Küche und an der Theke. So wird verhindert, dass Servicekraft A Cocktail X mit 2 cl Rum mischt und Servicekraft B 4 cl für den gleichen Cocktail verwendet.

Festgelegte Rezeptkarten schaffen Klarheit

Die verschiedenen Kalkulationen werden in den folgenden Beispielen illustriert.

Unternehmen und Produkte Restaurant

PRAXISBEISPIEL

Objekt und Position am Markt

Unser Restaurant zeichnet sich durch ein gut abgestimmtes Konzept aus. Dessen Kernpunkte sind unsere hohe Produktqualität und eine Servicemannschaft, die mit Freude unsere Gäste empfängt und sofort eine Wohlfühlatmosphäre schafft. Durch Möbel, Farbgebung der Wände und passende Dekorationen wird das Thema »Gastlichkeit in Wohnzimmeratmosphäre« unterstützt.

Das Restaurant verfügt über 60 Sitzplätze und eine durch eine Glasfront einsehbare Küche. Die Außenterrasse liegt direkt am Wasser und bietet 80 Sitzplätze.

Das Restaurant befindet sich am sehr belebten und von diversen Sehenswürdigkeiten umgebenen Stintmarkt in zentraler Lage der Altstadt. Im Sommer gilt der Stintmarkt als touristischer Anziehungspunkt und ist durch seine Nähe zur Ilmenau, dem ehemaligen Hafen der Stadt, eine Oase inmitten hektischer Betriebsamkeit. (Umgebungsplan, Bauzeichnung und Einrichtungsfotos finden Sie im Anhang.)

Die Öffnungszeiten des Restaurants sind 8:00 Uhr bis 1:00 Uhr. Ruhetage sind nicht vorgesehen, um eine möglichst breite Auslastungszeit zu erreichen.

Die Besonderheit unseres Angebotes garantieren Produkte aus regionalem und biologischem Anbau. Alle Gerichte werden frisch zubereitet und heben sich so von der Eintönigkeit der Mitbewerber deutlich ab.

Die kleine Standardkarte wird durch eine wöchentlich wechselnde Zusatzkarte abgerundet, die saisonalen oder auch themenbezogenen Charakter hat, z. B. »So kocht die Welt«. (Einen Auszug aus der Speisekarte finden Sie im Anhang.)

Ein an den Gastraum angrenzender Saal bietet bei Veranstaltungen bis zu 100 Gästen die Möglichkeit, ein rundum gelungenes Fest zu feiern. Die Räumlichkeit zeichnet sich durch Flexibilität aus und ist für kleinere Veranstaltungen auch abtrennbar, sodass entweder zwei Veranstaltungen gleichzeitig stattfinden oder auch Seminare abgehalten werden können. Die Bewirtschaftung findet hauptsächlich in Büfettform mit Getränkeservice statt. Auch in diesem Bereich gibt es in unserer Umgebung nichts Vergleichbares.

Um das Konzept abzurunden und eine möglichst hohe Auslastung der Küche zu erzielen, bieten wir einen Partyservice für bis zu 500 Personen an. Zur Abdeckung von Auslastungsspitzen werden wir eine Kooperation mit einem örtlichen Personaldienstleister eingehen. Geschirr und Ausstattung für den Partyservice mieten wir bei Bedarf von einem ortsansässigen Verleih.

Alles in allem sind wir in unserer Umgebung der einzige Anbieter mit diesem Angebotsspektrum.

Produkte und Kapazitätsauslastung

Die in unserer Küche verwendeten Produkte sind durchweg von sehr guter Qualität und kommen, wenn möglich, von Anbietern aus der Region. Um unsere Qualitätsstandards durchzusetzen und zu halten, wurden alle Mitarbeiter bezüglich Qualitätskriterien, Warenannahme und Lagerhaltung geschult.

Speise- und Getränkeangebot:

Ab 8:00 Uhr steht für unsere Gäste ein Frühstücksbüfett bereit.

Ab 11:30 Uhr wird ein täglich wechselndes Mittagsgericht angeboten. Die Standardkarte enthält eine Auswahl regionaler Gerichte, Suppen und Salate. Hinzu kommt eine wöchentlich wechselnde Karte mit Saison- oder Themenbezug. Verfeinert wird das Angebot durch eine kleine Dessertauswahl mit hausgemachtem Eis.

Ab 15:00 Uhr wird selbstgemachter Blechkuchen zum Kaffee serviert.

Ab 18:00 Uhr steht unser Restaurant für À-la-carte-Gäste bereit. Angeboten werden wöchentlich wechselnde Drei-Gänge-Menüs. Zusätzlich finden laufend themenbezogene Aktionen statt.

Im Getränkebereich legen wir großen Wert auf Kaffeespezialitäten und eine kleine, aber qualitativ hochwertige Weinkarte mit bezahlbaren Preisen. Außerdem werden eigens kreierte Eistees und zu besonderen Aktionen Fruchtbowlen angeboten.

Durch die Staffelung des Angebots wird eine möglichst effektive Auslastung der Restaurantkapazitäten während der gesamten Öffnungszeit angestrebt.

Preisgefüge / Kalkulationsbeispiele

Wir haben uns ausführlich mit dem Thema Preise und Preiskalkulation auseinandergesetzt. Dazu haben wir zunächst Preisvergleiche mit ortsansässigen Mitbewerbern angestellt. Im zweiten Schritt haben wir Vergleichslisten zu den gängigsten Produkten angelegt, um eine gute Marktpositionierung zu gewährleisten. Psychologische Preisschwellen wurden berücksichtigt.

Bei Gerichten wie zum Beispiel dem preislich festgelegten Tagesgericht, dem Mittags-Businessmenü und dem Drei-Gänge-Abendmenü fand die Rückwärtskalkulation Anwendung.

Die anderen Gerichte und Getränke werden mit einem festen Aufschlag kalkuliert. Diese Art der Kalkulation hat den Vorteil, dass der Deckungsbeitrag der jeweiligen Produkte sofort ersichtlich ist.

Beispiel Rückwärtskalkulation Tagesgericht / Menüs

	Tagesgericht	Businessmenü	Abendmenü
Verkaufspreis	*6,50 €*	*12,90 €*	*19,90 €*
Nettopreis	5,46 €	10,84 €	16,72 €
Deckungsbeitrag	4,00 €	7,00 €	11,00 €
Wareneinsatz	1,46 €	3,84 €	5,72 €
Wareneinsatz	36 %	35 %	34 %

Beispiel Aufschlagskalkulation Standardgerichte

	Suppe	Fleisch	Pasta	Desserts
Wareneinsatz	1,00 €	4,50 €	1,50 €	1,50 €
Fixer Aufschlag	2,00 €	8,00 €	7,00 €	3,00 €
Wareneinsatz	33 %	36 %	18 %	33 %
Nettopreis	3,00 €	12,50 €	8,50 €	4,50 €
Verkaufspreis	*3,60 €*	*14,90 €*	*10,20 €*	*5,40 €*

Beispiel Aufschlagskalkulation Getränke

	Alkoholfrei	Bier	Wein	Kaffee	Spirituosen
Wareneinsatz	0,40 €	0,50 €	1,50 €	0,30 €	0,60 €
Fixer Aufschlag	1,50 €	2,00 €	2,50 €	1,50 €	2,00 €
Wareneinsatz	21 %	20 %	38 %	17 %	23 %
Nettopreis	1,90 €	2,50 €	4,00 €	1,80 €	2,60 €
Verkaufspreis	*2,30 €*	*3,00 €*	*4,80 €*	*2,20 €*	*3,10 €*

PRAXISBEISPIEL

Unternehmen und Produkte Gaststätte

Unsere Gäste

Unsere Gäste sind überwiegend im Alter von 40 Jahren und aufwärts, sie erwartet eine Atmosphäre, die durch freundlichen, persönlichen und umsorgenden Service hervorsticht. Im Angebot der Speisekarte überwiegen hausgemachte Produkte.

Einrichtung, Bilder und Tapeten des Lokals erinnern an die 1970er-Jahre und wirken dennoch frisch und jung.

Unser Ziel ist es, uns von den jüngst überall entstandenen, eher unpersönlichen Szenetempeln abzuheben und unseren Gästen eine Art »zweites Zuhause« zu bieten.

Wir konzentrieren uns dabei auf gastronomische Kernpunkte wie Freundlichkeit, Aufmerksamkeit, Service- und Produktqualität.

Unsere Ziele bei Service und Umsatz

Wir wollen freundlich und aufmerksam zu unseren Gästen sein. Getränke werden nach Bestelleingang innerhalb von maximal zehn Minuten serviert. Die längste Wartezeit bei Speisen liegt je nach Gericht zwischen 15 und 30 Minuten. Durch Präsenz, Aufmerksamkeit und unaufdringliche Kommunikation (Verkaufsgeschick) erreichen wir einen Durchschnittsbon von 14,50 € pro Gast.

Unternehmensziele werden in Jahres- und in Monatsziele unterteilt und in gemeinsamen Teamsitzungen erarbeitet. Um uns und unsere Mitarbeiter zu fördern und zu unterstützen, steht uns ein Stundenkontingent bei einem externen Coach zur Verfügung.

Unser Angebot

Bei den Speisen konzentrieren wir uns auf eine kleine Standardkarte, abgerundet wird das Angebot durch eine monatlich wechselnde Zusatzkarte mit Länderschwerpunkten.

Von hausgemachter Schinkensülze mit Apfelmeerrettich über Kabeljau-Kartoffel-Ragout und pochierte Lammschulter gibt es überwiegend modern interpretierte Hausmannskost. Daneben wollen wir beliebte Gerichte aus der asiatischen Küche anbieten, wie z. B. Currys. (Ein Auszug aus der Speise- und Getränkekarte finden Sie im Anhang.)

Unsere Kalkulation

Wir haben uns bei unserer Preiskalkulation an den üblichen Vergleichszahlen orientiert. Im Küchenbereich gehen wir von 33 Prozent Wareneinsatzkosten aus. Im Getränkebereich setzen wir Warenkosten von 20 Prozent an. Zur Absicherung der Preisgestaltung haben wir Preisvergleiche mit im Einzugsgebiet befindlichen Mitbewerbern angestellt.

Beim Mittagsgericht zum Festpreis von 6,50 € wenden wir die Rückwärtskalkulation an, um der Küche einen klaren Wareneinsatz vorzugeben. Bei allen anderen Gerichten findet die Zuschlagskalkulation Anwendung.

Durch die Transparenz unserer Kalkulationsgrundlagen wollen wir das Kostenbewusstsein der Mitarbeiter schärfen. Für jedes Gericht und jedes Getränk wurde ein Solleinsatz festgelegt und jedem Mitarbeiter als Richtlinie bekannt gegeben. So ist zum Beispiel jedem Koch klar, welches Budget ihm für die einzelnen Gerichte zur Verfügung steht.

Beispiel Zuschlagskalkulation

	Speisen	WE Quote	Getränke	WE Quote
Wareneinsatz	2,80 €	33 %	0,40 €	20 %
Kalkulationsfaktor	3		5	
= Nettopreis	8,40 €		2,00 €	
+ MwSt. 19 %	1,60 €		0,38 €	
Verkaufspreis	*10,00 €*		*2,40 €*	
(gerundet)				

Beispiel Rückwärtskalkulation Mittagstisch

	Speisen	Getränke
Verkaufspreis 119 %	*6,50 €*	*2,40 €*
- MwSt. 19 %	1,04 €	0,38 €
= Nettopreis 100 %	5,46 €	2,02 €
: Kalkulationsfaktor	3	5
Wareneinsatz	*1,82 € (33 %)*	*0,40 € (20 %)*

PRAXISBEISPIEL

Barbetrieb

Mission Statement

Unsere Unternehmensziele:
1. Wirtschaftlicher Erfolg
2. Begeisterte Gäste
3. Permanente Weiterentwicklung

Das wird unseren Gästen geboten:
▸ Eine besondere Lifestyle-Atmosphäre
▸ Begegnungen mit Gleichgesinnten im lockeren Rahmen
▸ Dem Zeitgeist entsprechende Produkte
▸ Ein Service mit Spaß und Freude
▸ Ausgelassene Partys

Unser Erfolg beruht auf:
▸ Gut geschulten Mitarbeitern
▸ Transparenz und Kostenbewusstsein

- Einem überzeugenden Marketingkonzept
- Authentizität
- Alleinstellung auf dem Markt

Werte

Spaß und ein lockeres Lebensgefühl stehen im Mittelpunkt.

Ziel ist es, den Gästen ein Freizeiterlebnis durch eine erlebnisreiche, emotionale Atmosphäre zu vermitteln.

Mitarbeiter werden als Mitunternehmer gesehen und eng in das Gesamtkonzept eingebunden. Offener Umgang mit Gästen und aufrichtige Freude an der Arbeit stehen im Vordergrund. Das Team trägt mit Spaß zur Begeisterung der Gäste und dem wirtschaftlichen Unternehmenserfolg bei.

Produkte

Cocktails, Drinks und eine internationale Bierauswahl bieten zusammen mit einem breiten Angebot an Kaffeespezialitäten ein Genusserlebnis in entspanntem Ambiente.

Das Speiseangebot basiert auf Klassikern der TexMex- und US-Küche (z. B. Tacos, Burger).

Image

Wir wollen für unsere Gäste mehr sein als eine Bar. Unsere Gäste und Mitarbeiter sollen durch offene Kommunikation in die Welt einer ganz besonderen Gemeinschaft eintauchen und sich als Teil dieser ungezwungen und frei fühlen – wie im Urlaub.

Preisgestaltung

Für sämtliche Produkte werden Rezeptkarten mit klaren Mengenangaben und der jeweiligen Zubereitungsart erarbeitet. Anhand dieser Angaben werden die Preise kalkuliert, permanent aktualisiert und dem Markt angepasst.

Alleinstellungsmerkmal

In unserer Stadt gibt es bisher keinen Bar-/Lounge-Betrieb mit einem Konzept für ein junges, zahlungskräftiges Publikum, obwohl es sich in ähnlicher Form in anderen Städten vergleichbarer Größe als sehr erfolgreich herausgestellt hat. Aufgrund der Arbeitsplatzstruktur des Standortes ist das Kundenpotential nach letzten Erhebungen der IHK für unser Vorhaben mehr als ausreichend.

Um unser Publikum zu erreichen, suchen wir als Standort nach einem Objekt in bester Innenstadtlage mit Penthouse- oder Loftcharakter, Parkmöglichkeiten und Anbindung an den öffentlichen Nahverkehr. Das Angebot für entsprechende Räumlichkeiten ist vorhanden. Beispiele finden Sie im Anhang.

PRAXISBEISPIEL **Unternehmen und Produkte Coffeeshop**

Mein Coffeeshop

Neben internationalen Kaffee- und Teespezialitäten finden sich auf der Getränkekarte verschiedene Mineralwasser, Softdrinks und Fruchtsäfte.

Sandwiches, belegte Ciabattas, Bagels, Cookies und Muffins in bester Qualität bilden den Grundstock des Speiseangebots für den kleinen Hunger. Mit Liebe und dem Auge fürs Detail werden alle Produkte frisch zubereitet. Hinzu kommt Hausgemachtes wie Blechkuchen und für den schnellen Mittagstisch auch Suppen mit Baguette.

Natürlich gibt es das gesamte Getränke- und Speiseangebot auch »to go«.

Bei der Preisgestaltung orientiere ich mich an marktüblichen Preisen und errechne anhand der Rückwärtskalkulation meinen Soll-Wareneinsatz.

Die Öffnungszeiten sind Montag bis Freitag von 9:00 Uhr bis 20:00 Uhr und samstags von 9:00 bis 18:00 Uhr.

Die Zielgruppe

Die Bedeutung einer klaren Beschreibung der Zielgruppe wird von vielen Gastronomen unterschätzt. Ihr Angebot, Ihr Marketing, das Ambiente Ihres Objektes – einfach alles muss auf diese Zielgruppe abgestimmt sein und permanent optimiert werden.

Die Zeiten, in denen 50 Gerichte auf der unübersichtlichen Speisekarte einen möglichst breiten Gästekreis ansprechen sollten, sind Vergangenheit. Im Gegenteil: Die klare Konzentration auf einen bestimmten Gästekreis ist heute unerlässlich.

Nehmen Sie sich Zeit, sich mit Ihrer Zielgruppe zu beschäftigen. Eine Frage, die sich Ihnen stellen wird, lautet: Legt mein Angebot bereits meine Zielgruppe fest oder richte ich mein Angebot an meiner Wunschzielgruppe aus?

In beiden Fällen ist es sinnvoll, sich das in der Zukunft eröffnete Gastronomieobjekt bildlich vorzustellen.

Welche Gäste sehen Sie dort sitzen? Beschreiben Sie Ihre zukünftigen Gäste und Umsatzbringer möglichst genau. Unterteilen Sie nach Geschlecht, Alter, Lebensstil, Wohnort, Beruf und Einkommen. Beschreiben Sie auch das Verhalten bezüglich der Freizeitgestaltung.

Machen Sie sich ein möglichst genaues Bild von den Menschen, die Sie zukünftig als Gastgeber empfangen werden. Und fragen Sie sich: »Passen sie wirklich zu mir und ich zu ihnen?«

Konzept auf Zielgruppentauglichkeit prüfen

Fragen Sie Menschen, die Ihrer Ansicht nach Ihrer zukünftigen Zielgruppe entsprechen, nach deren Meinung zu Ihrem Konzept. Auch hier gilt: Nehmen Sie die Rückmeldungen ernst.

Am besten erarbeiten Sie dafür einen Fragebogen. Ein paar Beispiele für relevante Fragen:

- ▶ Wie denken Sie über mein Geschäftsvorhaben?
- ▶ Finden Sie mein Konzept ansprechend? Wenn ja, warum? Wenn nein, warum nicht?
- ▶ Finden Sie unser Angebot ansprechend?
- ▶ Was sollte für Sie auf jeden Fall angeboten werden?
- ▶ Was würden Sie anders machen?
- ▶ Welche Wünsche haben Sie an mich als Gastgeber?

Diese Liste lässt sich natürlich beliebig erweitern. Tragen Sie alle Fragen zusammen, die für Sie und Ihr Konzept von Bedeutung sind. Achten Sie aber darauf, dass Sie nicht zu viele Fragen stellen und den Befragten damit überfordern.

Lassen Sie sich von den Antworten nicht verunsichern. Niemand kann alles für alle bieten, das muss Ihnen bewusst sein. Aber vielleicht erhalten Sie Anregungen durch die Befragung, und Klarheit darüber, ob Angebot und Zielgruppe übereinstimmen.

Das Konzept von allen Seiten beleuchten

Versetzen Sie sich in die Lage des Gastes, nutzen Sie Ihre Fantasie und nehmen Sie sich ausreichend Zeit für diesen wichtigen Punkt Ihres Konzeptes.

Schreiben Sie Ihre Vorstellungen vom idealen Gast auf und heften es in Ihrem Businessplan-Ordner ab. Überprüfen Sie dann, ob Zielgruppe und Gastronomiekonzept zusammenpassen.

CHECKLISTE

Checkliste Zielgruppenbestimmung

- Welche Altersgruppe spricht mein Konzept an?
- Besteht ein Bedarf nach meinem Angebot in meiner Zielgruppe?
- Welche Erkenntnisse aus der Befragung der Zielgruppe sind für mich wichtig?
- Habe ich alle wichtigen Umfrageergebnisse im Konzept berücksichtigt?
- Welche Erkenntnisse habe ich auf meiner Fantasiereise in Bezug auf meine Gäste gewonnen?
- Habe ich die Wünsche und Vorstellungen meiner Zielgruppe berücksichtigt?
- Passt der Lebensstil meiner Zielgruppe zum Gastronomiekonzept?
- Habe ich Kaufkraft und Einkommensverhältnisse meiner Zielgruppe bei der Preisgestaltung berücksichtigt?

PRAXISBEISPIEL

Zielgruppe Restaurant

Unsere Gäste

Unsere Gäste sind zwischen 30 und 60 Jahre alt, mit mittlerem bis hohem Bildungsniveau, haben Sinn für einen modernen Lebensstil und Freude am Genuss. Sie schätzen einen gemütlichen, nicht überladenen Wohnstil, treffen sich gern mit Freunden zum Kaffee oder auf ein Glas Wein und gehen sonntags mit der Familie zum Brunch. Sie kommen hauptsächlich aus Lüneburg und der näheren Umgebung.

Unsere Gäste verfügen über ein sicheres Einkommen, sind kulturinteressiert und gönnen sich den Luxus, abends in Gesellschaft essen zu gehen oder Gäste zu bewirten. Dabei lassen sie sich gern von einem Partyservice beliefern.

Zielgruppe Gaststätte

Gästebeschreibung

Unser typischer Gast ist zwischen 35 und 70 Jahre alt und liebt die bodenständige Küche. Er nutzt den Besuch bei uns als Auszeit vom Alltag, träumt von alten Zeiten, erinnert sich gern an den ersten Kuss, die erste Liebe, an alte Fernsehserien und Kinofilme und ist insgesamt zeitgeschichtlich interessiert.

Sein Einkommen bewegt sich im Mittelfeld, allzu häufige Restaurantbesuche sind ihm nicht möglich. Darauf ist das Preisniveau unseres Angebots abgestimmt.

Das Gästepotenzial am Standort ist groß, da sich in der Umgebung sehr viele Anlagen mit Mietwohnungen befinden.

Zielgruppe Barbetrieb

An diese Gäste richtet sich unser Angebot

Jung, trendy, stylisch, zeigefreudig – so präsentieren sich unsere Gäste. Unsere Hauptzielgruppe ist zwischen 20 und 40 Jahre alt. Der Mac gehört zur Grundausstattung, genauso wie ein Mobiltelefon mit Internetfunktion. Mann wie Frau sind überwiegend Singles oder befinden sich in einer lockeren Beziehung. Sie nutzen unsere Location als Treffpunkt, um sich mit Freunden und Bekannten zu verabreden.

Zielgruppe Coffeeshop

Zielgruppe

Eine Umfrage im nahen Einzugsgebiet und bei Mitarbeitern der umliegenden Firmen ergab, dass eine große Nachfrage nach dem Angebot eines Coffeshops und einer damit einhergehenden Verbesserung der aktuellen gastronomischen Situation besteht.

Interviewt wurden 500 Menschen im Alter zwischen 20 und 50 Jahren, die Mitarbeiter der umliegenden Büros und die Laufkundschaft der umliegenden Geschäfte.

Gezeigt hat sich, dass bei Frauen ein höheres Interesse besteht als bei Männern und dass sich bei männlichen Interessenten die Altersgruppe zwischen 20 und 35 Jahren eher für einen Coffeeshop interessiert.

Mit Hilfe der gewonnenen Erkenntnisse können wir unser Angebot besser an den Wünschen unserer Gäste ausrichten.

Markt- und Wettbewerbssituation

Nutzen Sie gute Quellen zur Informationsbeschaffung

Gute Kenntnisse des Marktes und der Mitbewerber sind Voraussetzung für Ihren Geschäftserfolg! Dazu ist es wichtig, sich einen Einblick in das aktuelle Gastronomiegeschehen zu verschaffen und längerfristige Trends zu erkennen.

Nutzen Sie das Internet zu Recherchen. Vergleichen Sie Ihr Angebot mit ähnlichen Konzepten und finden Sie heraus, ob diese erfolgreich sind. Holen Sie sich Informationen aus Büchern, Fachzeitschriften, bei Fachverlagen und bei Berufsverbänden, wie z.B. Dehoga und IHK.

Informieren Sie sich über den Markt an Ihrem Standort, z. B. auf der Homepage Ihrer Stadt. Dort finden Sie auch Angaben zur Einwohnerzahl, der Zusammensetzung der Bevölkerung und viele weitere interessante Informationen über Ihren zukünftigen Gästekreis und Ihre Mitbewerber. Bleiben Sie stets aufmerksam.

Den Markt beobachten

Hilfreich für eine gute Markteinschätzung ist die Beantwortung der folgenden Leitfragen:

▶ Wie entwickelt sich mein Gastronomiezweig allgemein?
▶ Welche Marktfaktoren haben Einfluss auf mein Konzept?
▶ Wo liegen im Vergleich mit der Konkurrenz meine Stärken?
▶ Wo liegen im Vergleich mit der Konkurrenz meine Schwächen?
▶ Welche standortabhängigen Risiken bestehen?
▶ Welche Zukunftschancen habe ich in diesem Umfeld?

Grundsätzlich sind Kenntnisse über Faktoren wie Einwohnerzahl, Kaufkraftniveau, Gewerbestruktur und Infrastruktur zur Einschätzung Ihrer Chancen am Markt von Bedeutung.

Verschaffen Sie sich einen Überblick über Ihr Einzugsgebiet und betrachten Sie Ihren Markt aus möglichst vielen Perspektiven. Informieren Sie sich, ob es in ihrem Umfeld konkurrierende Gastronomiekonzepte gibt, die in direktem Vergleich mit Ihnen stehen werden. Falls dies zutrifft, versuchen Sie eine Einschätzung, wie stark Ihre Konkurrenz ist. Beschreiben Sie, was Sie besser machen (wollen) als Ihre Mitbewerber.

Exakte Analyse des Marktes und der Konkurrenz

Häufig werden ältere Trends für ein Konzept aufgegriffen, die bereits in großem Umfang angeboten werden und oft kaum die hohen Investitionskosten einspielen. Sollte sich das auch bei Ihnen abzeichnen, müssen Sie die Ausrichtung Ihres Projekts noch einmal überdenken.

Mit Risiko behaftet sind vor allem Projekte in überteuerten Toplagen, die eine hohe Anzahl an Mitbewerbern aufweisen. Konkurrenz belebt zwar das Geschäft, aber davon werden Sie nur profitieren, wenn es Ihnen gelingt, Ihren Gästen etwas Besonderes zu bieten.

Vergleichen Sie und machen Sie dann eine Liste Ihrer direkten Mitbewerber. Analysieren Sie Stärken und Schwächen Ihrer Mitbewerber, aber auch Ihre eigenen. Verdeutlichen Sie im Businessplan Ihre Stärken und beschreiben Sie, wie Sie Ihre Schwächen kompensieren wollen.

Mitbewerbervergleich

CHECKLISTE

- Wer sind meine Mitbewerber?
- Wie lange sind diese bereits auf dem Markt?
- Geschätzter Tagesumsatz der Konkurrenten?
- Wie hoch ist deren tägliche Gästefrequenz?
- Wie ist das Image der Mitbewerber?
- Welche Besonderheiten bieten die Mitbewerber an?
- Welche Produkte stehen im direkten Vergleich?
- Durch welche Produkte hebe ich mich von den anderen ab?
- Welches Preisniveau haben meine Mitbewerber?
- Welcher Service wird geboten?
- Mit welchen Qualitätsmaßstäben (Produkt, Service, Ambiente) arbeiten meine Mitbewerber?
- Wo liegen deren Stärken und Schwächen im Vergleich zu meinem Konzept?

Standort und Lage

Um den idealen Standort für Ihr Gastronomieobjekt zu finden, müssen Sie sich mit folgenden Fragen auseinandersetzen:

▶ Wie viele Menschen leben im Einzugsgebiet?
▶ Wie viele davon gehören zur Zielgruppe Ihres Unternehmenskonzeptes?
▶ Welche sozialen Gruppen leben im Umfeld?
▶ Welche Firmen und Geschäfte sind in der Umgebung angesiedelt?
▶ Gibt es von dieser Seite einen Bedarf für mein Angebot?
▶ Ist mein Standort und das Objekt selbst für meine Zielgruppe ansprechend und interessant?
▶ Sind ausreichend Parkplätze vorhanden?
▶ Wie ist die Verkehrsanbindung?
▶ Welches Raum- und Sitzplatzangebot haben die Mitbewerber?
▶ Welche Qualität bieten die Mitbewerber in Bezug auf Ambiente, Ausstattung, Service und Küche?
▶ Welches Preisniveau haben die verschiedenen gastronomischen Betriebe im Umfeld?
▶ Welche Vor- oder Nachteile bietet mein Objekt gegenüber meinen Mitbewerbern?

Zu achten ist auch auf mögliche behördliche Auflagen oder zukünftige Planungen (Bauprojekte, Umgestaltungsmaßnahmen, veränderte Verkehrsführung etc.), die Einfluss auf die Qualität Ihres Standortes und der Lage haben.

Sehen Sie sich den geltenden Bebauungsplan an und suchen Sie nach diesbezüglichen Beschlüssen. Das Bauamt Ihrer Gemeinde hilft Ihnen dabei wahrscheinlich weiter. Auch das Archiv der örtlichen Presse kann Aufschlüsse und Hinweise auf künftige Entwicklungen liefern.

Ein abschließender Objektvergleich mit Hilfe einer einfachen Tabelle (siehe nächste Seite) zeigt Ihnen auf einen Blick Ihren aktuellen Stand.

Ergänzen Sie das Beispiel mit eigenen Vergleichskriterien und arbeiten Sie heraus, was Ihr Konzept zum Spitzenreiter macht oder in welchen Bereichen Verbesserungsbedarf besteht. Aus den damit gewonnenen Erkenntnissen lässt sich auch gut Ihr Alleinstellungsmerkmal ableiten.

Objektvergleich

	Objekt	Verkehrs-Lage	Ausstattung/ anbindung/ Parkplätze	Preisniveau Ambiente	Produkt-palette
Mein Betrieb	2	1	2	2	2
Mitbewerber A	1	3	2	3	2
Mitbewerber B	3	1	4	3	1
Mitbewerber C	5	3	5	3	4
Mitbewerber D	3	4	5	2	2
Mitbewerber E	2	2	1	3	2

Bewertungsschema:
1 = optimal
2 = gut
3 = befriedigend
4 = ausreichend
5 = verbesserungsfähig

Ergänzen Sie das Beispiel mit eigenen Vergleichskriterien und arbeiten Sie heraus, was Ihr Konzept zum Spitzenreiter macht oder in welchen Bereichen Verbesserungsbedarf besteht. Aus den damit gewonnenen Erkenntnissen lässt sich auch gut Ihr Alleinstellungsmerkmal ableiten.

Markt- und Wettbewerbssituation Restaurant   PRAXISBEISPIEL

Markt- und Wettbewerbsübersicht

Der Tourismus ist für Lüneburg ein wichtiger Wirtschaftsfaktor und wird durch Aktionen der Lüneburg Marketing GmbH gefördert. Vom Touristenstrom können wir durch unsere exponierte Lage am Stintmarkt in hohem Maße profitieren. Außerdem liegt der Stintmarkt zwischen der Lüneburger Innenstadt und dem Bahnhof, dadurch befinden wir uns auch auf dem Laufweg vieler Pendler und Kurzbesucher aus Hamburg und der Umgebung Lüneburgs.

Im näheren Umfeld gibt es ein italienisches Restaurant, ein thailändisches Restaurant, ein Café, ein ganztägig geöffnetes Lokal mit Snackangeboten und drei weitere Kneipen, die erst abends öffnen.

Unser Gastronomiekonzept ist in der näheren Umgebung und in ganz Lüneburg einzigartig, wie der Mitbewerbervergleich zeigt.

Mitbewerber im nahen Umfeld:

LA MAMMA
Sitzplätze: ca. 80 Innenplätze, keine Außenplätze
Öffnungszeiten: Mo. und Di. Ruhetag, Mi. bis So. von 11–15 Uhr und von 18–1 Uhr
Angebotspalette: Schwerpunkt Pastagerichte, Pizza, kleines Antipasti-Angebot
Preisgefüge: Hauptgerichte von 6,50 € bis 17,50 €
Stärken: Das Lokal wird mit viel Persönlichkeit geführt. Giovanni Capone und seine Frau sind für ihre Herzlichkeit und ihre Lebensart in ganz Lüneburg bekannt.
Schwächen: Die Einrichtung ist alt. Qualität und Preis-/ Leistungsverhältnis des Speiseangebots ist mittelmäßig.

THAI-THAI
Sitzplätze: ca. 45 Innenplätze, keine Außenplätze
Öffnungszeiten: täglich von 18–24 Uhr
Angebotspalette: asiatische, thailändische Gerichte
Preisgefüge: Hauptgang von 7,90 € bis 16,90 €
Stärken: sehr gelungene, exotische Inneneinrichtung. Sehr freundlicher Service. Qualitativ hochwertige Küche und frische Zubereitung der Speisen.
Schwächen: sehr lange Wartezeiten; Service und Küche wirken oft überlastet.

ZUM ALTEN KRAN
Sitzplätze: ca. 35 Innenplätze, 40 Außenplätze
Öffnungszeiten: täglich 9–1 Uhr
Angebotspalette: kleines Frühstücksangebot, Standardkarte mit hohem Fertigproduktanteil
Preisgefüge: Frühstück ab 2,90 €, Hauptgerichte von 6,40 € bis 11,50 €

Stärken: optimale Lage direkt am Alten Kran
Schwächen: schlechter Service, langweiliges Angebot, fragwürdige Qualität

Weitere Mitbewerber in Lüneburg:

ZUR SALZSAU
Am Marktplatz 3, 21335 Lüneburg
Sitzplätze: ca. 120 Innenplätze, 80 Außenplätze
Öffnungszeiten: täglich von 8–24 Uhr
Angebotspalette: gutbürgerliche Küche, Frühstück, Mittagstisch, Abendkarte
Preisgefüge: Frühstück ab 3,50 €, Mittagstisch 6,90 €, Hauptgerichte von 7,90 € bis 27,50 €
Stärken: Toplage, sehr professionelle Führung, schneller Service, seit langem etabliertes Haus
Schwächen: zu groß, unpersönliche Massenabfertigung

TAFELRAUM
Spitaler Gasse 32, 21339 Lüneburg
Sitzplätze: 50 Innenplätze
Öffnungszeiten: täglich von 17:30–1 Uhr
Angebotspalette: frische und interessante Küche mit hoher Qualität, Catering/Partyservice
Preisgefüge: hochpreisig, Hauptgang von 11,90 € bis 34,90 €
Stärken: Design des Lokals stimmig, trendig, modern; Lokal hat einen sehr guten Namen
Schwächen: liegt etwas abseits, wenig Parkmöglichkeiten

MAHLZEIT
Kasernenstraße 211, 21331 Lüneburg
Sitzplätze: 160 Innenplätze, 60 Außenplätze
Öffnungszeiten: Mo.- Fr. 6–18 Uhr, Catering/Partyservice von Montag bis Sonntag
Angebotspalette: Frühstück, Kaffee und kleine Gerichte zum Mitnehmen, Mittagstisch, Kaffee und Kuchen
Preisgefüge: niedrigpreisig, Frühstück ab 2,50 €, Mittagstisch ab 3,90 €
Stärken: hohe Kapazitäten im Partyservice und bei eigenen Veranstaltungen

Schwächen: Qualität sehr schwankend, schlechte telefonische Erreichbarkeit, Optimierungsbedarf bei Veranstaltungsabläufen

PRAXISBEISPIEL ## Markt- und Wettbewerbssituation Gaststätte

Konkurrenz und Mitbewerber

Ein direkt konkurrierendes Gastronomiekonzept gibt es in der näheren Umgebung nicht. Die umliegenden Restaurants werden seit Jahrzehnten unverändert betrieben.

Bei Besuchen, die wir gemacht haben, um uns einen Überblick über die Leistungen unserer Mitbewerber zu verschaffen, haben wir festgestellt, dass alle Konzepte dringend einer Überarbeitung bedürfen – ob im Ausstattungsbereich oder bei der Angebotsgestaltung.

Eine von uns gestartete Umfrageaktion bei Freunden, im Bekanntenkreis und den anliegenden Firmen bestätigte einen Bedarf für unsere Angebotspalette.

In unserem Einzugsgebiet gibt es zwei Pizzalieferdienste, einen türkischen Imbiss und zwei Gaststätten mit nur geringem Speiseangebot. Außerdem ein griechisches und ein italienisches Restaurant.

Die Bevölkerung im Umfeld setzt sich überwiegend aus Menschen zusammen, die zur Mittelschicht zählen. Die Berufstätigen arbeiten meist in Hamburg und Umgebung. Hinzu kommt eine große Anzahl von aktiven Senioren, von denen sich viele in Vereinen zusammengeschlossen haben. Auch für diese Bevölkerungsgruppe wird in der Umgebung gastronomisch nichts angeboten, was wir mit unserem Konzept ausgleichen werden.

PRAXISBEISPIEL ## Markt- und Wettbewerbssituation Barbetrieb

Einschätzung von Marktsituation und Mitbewerbern

Wir sind ein gastronomischer Betrieb mit modernem Konzept und einer attraktiven Innenstadtlage. Im Vergleich zu anderen Gastronomiebetrieben in der Umgebung sind wir einzigartig.

Im bundesweiten Vergleich zeigt sich, dass Bar- & Lounge-Konzepte weiter auf dem Vormarsch sind. Die klassische Kneipe hingegen befindet sich kontinuierlich auf dem Rückzug. Dieser Trend wird sich allen aktuellen Analysen zufolge auch in Zukunft fortsetzen.

Der Bevölkerungsanteil unserer Zielgruppe in dieser Stadt ist überdurchschnittlich hoch. Das liegt zum einen daran, dass wir die Einkaufsstadt unserer Region sind und mit vielen modernen Einzelhandelsgeschäften glänzen, zum anderen an den vielen Studenten der ansässigen Fachhochschule und Universität.

Markt- und Wettbewerbssituation Coffeeshop PRAXISBEISPIEL

Markt- und Wettbewerbssituation

Die schon länger bestehenden Cafés in der näheren Umgebung sind hochpreisig und sprechen ein älteres Gästepublikum an. Die umliegenden Gaststätten haben Kneipencharakter und zielen mehr auf Gäste ab, die an einem umfangreichen Mittagstisch mit Hausmannskost interessiert sind.

Die etwa 100 in der Umgebung angesiedelten Unternehmen mit etwa 750 Mitarbeitern, eine in der Nähe befindliche Bibliothek sowie das unweit gelegene Amtsgericht bieten für mein Konzept genügend Laufkundschaft und das Potenzial für einen festen Gästekreis.

Nach eigenen Recherchen und Umfragen besteht eine Unterversorgung für unkomplizierte Snackgastronomie im Stadtteil. Das sind weitere Voraussetzungen, die für das Coffeeshop-Konzept erfolgversprechend sind.

Der Anteil unserer Zielgruppe (20 bis 50 Jahre; hoher Frauenanteil; eher gesundheitsbewusst; höhere Schulbildung) an der Arbeitsbevölkerung in der Umgebung ist sehr hoch.

Mit einem zusätzlich in den Firmen beworbenen Frühstücks-Lieferservice und einem Brötchen- oder Kuchen-Bringdienst für Meetings und Schulungen schaffe ich Aufmerksamkeit und generiere zusätzlichen Umsatz.

Das Marketingkonzept

Marketing umfasst weitaus mehr als Werbung und fängt bereits in der Planungsphase an. Ausreichende Kenntnisse über die zukünftigen Gäste, deren Handeln und Wünsche, begünstigen eine nachhaltige und erfolgreiche Umsetzung des eigenen Konzeptes.

Erfolgreiche Gastronomen wissen, dass Gäste nur kommen, wenn Sie mit Ihrem Angebot so genau wie möglich die Wünsche erfüllen. Bei allen unternehmerischen Entscheidungen müssen deshalb die Bedürfnisse der Gäste im Vordergrund stehen. Es ist wichtig, sich in ihre Lage hineinzuversetzen und alles auf deren Wünsche und Bedürfnisse abzustimmen.

Viele Gastronomen glauben allerdings, dass ihr Konzept und ihr Angebot so einmalig gut sei, dass der Laden praktisch von alleine laufen würde. Das funktioniert leider (meistens) nicht. Oft gibt es Mitbewerber mit sehr ähnlichen Produkten oder Serviceleistungen. Und auch mit einem ganz neuen Konzept auf dem Markt muss man zunächst dafür sorgen, dass potenzielle Gäste davon erfahren.

Aufstellen eines detaillierten Marketingplans inklusive aller Kosten

In diesem Teil Ihres Businessplans ist das oberste Ziel, kurz, knapp und deutlich zu formulieren, warum die Gäste gerade zu Ihnen kommen sollten und wie Sie sie auf sich aufmerksam machen wollen.

Beschreiben Sie Ihre Marketingmaßnahmen anhand eines Marketingplans und vergessen Sie nicht, auch die Kosten aufzuführen. Das zeigt, dass Sie auch in diesem Bereich die nötige Übersicht besitzen.

Teure Marketingmaßnahmen sollten wohlüberlegt sein. Ich will damit nicht sagen, dass Sie am Marketing sparen sollten. Ganz im Gegenteil, in den meisten Gastronomiebetrieben werden das Marketing und gut geplante Werbemaßnahmen sträflich vernachlässigt.

Erarbeiten Sie sich eine Strategie, die zu Ihrem Unternehmen passt, und planen Sie Ihre Maßnahmen für mindestens ein Jahr im Voraus. Formulieren Sie dafür Ihre Geschäftsziele so genau wie möglich.

Legen Sie zum Beispiel den Umsatz des ersten Jahres auf einen bestimmten Betrag fest. Oder bestimmen Sie die tägliche Gästezahl oder den durchschnittlichen Umsatz pro Gast.

Nur wenn Sie genau wissen, was Sie erreichen wollen, können Sie Ihre Marketingaktivitäten gewinnbringend darauf ausrichten. Welche Aktivitäten das sein werden, fixieren Sie im sogenannten Marketing-Mix und einem Aktivitäten-Plan. Legen Sie das Marketingbudget fest, in der Regel einen Betrag zwischen einem und drei Prozent des Umsatzes, verteilen Sie diesen erst über das ganze Jahr und dann auf die jeweiligen Aktionen. So haben Sie Ihre Planzahlen immer im Blick und haben konkrete Vorgaben, an denen Sie sich orientieren können.

Handeln Sie auch in diesem Bereich pro aktiv und machen Sie Ihre durchdachte Planung im Businessplan deutlich. Pro aktiv zu sein, bedeutet zu agieren, sich zu bewegen und die Zügel in die Hand zu nehmen, um sein Gespann in Bewegung zu bringen und in die gewünschte Richtung zu lenken.

Wenn Sie beispielsweise nur abwarten, bis sich ein Anzeigenverkäufer bei Ihnen meldet und Sie dann lediglich in den Anzeigenfriedhöfen dubioser Publikationen werben, bringt das meist nur dem Anzeigenblatt den gewünschten Umsatz.

Zielgruppenorientiertes Werben durch Flyer, E-Mail-Newsletter, Gutscheinaktionen und eine kontinuierliche Pressearbeit ist oft günstiger und ertragreicher als reine Anzeigenwerbung.

Denken Sie daran, das Internet zu nutzen und unterschätzen Sie nicht die Aussagekraft einer professionellen Internetpräsenz. Hier geht der Trend inzwischen eindeutig zu bewegten Bildern: Fotos und Videos sagen mehr als tausend Worte. Natürlich müssen Sie auf der eigenen Webseite immer auf Aktualität achten. Suchen Sie sich einen professionellen Partner, der die Daten pflegt – Sie selbst werden dazu wahrscheinlich keine Zeit haben.

Ein junges Publikum schätzt auf einer Webseite nicht nur den Blick in Gasträume und Tageskarte – auch Online-Reservierungen werden immer gefragter. Tragen Sie sich also auch bei Online-Gastronomieführern ein und melden Sie sich bei Online-Reservierungssystemen an. Dort erhalten Sie über die Bewertungen der Gäste auch wertvolles Feedback über Ihre Leistungen.

Mit der Zeit gehen und auf Online-Angebote setzen

Sorgen Sie in jedem Fall dafür, dass man in Ihrem Viertel, Ihrer Stadt, Ihrer Region über Sie spricht. »Tu Gutes und sprich darüber« ist zum Beispiel ein Ansatz. Warum nicht eine Kaffee-und-Kuchen-Aktion auf der Terrasse zugunsten der örtlichen Kinderkrebsstation durchführen und dazu die Lokalpresse einladen?

Unübertroffen und wahrscheinlich der wichtigste Punkt in Sachen Marketing ist die Mundpropaganda. Schaffen Sie durch Qualität in allen Bereichen eine außergewöhnliche Erlebniswelt, und Ihre zufriedenen Gäste werden für Sie der glaubhafteste Werbeträger sein.

Der Mix macht's

Die verschiedenen Instrumente im Gastronomie-Marketing sind im Wesentlichen in vier Gruppen aufgeteilt. Mit dem Marketing-Mix stimmen Sie alle Maßnahmen untereinander und mit Ihrem Konzept ab.

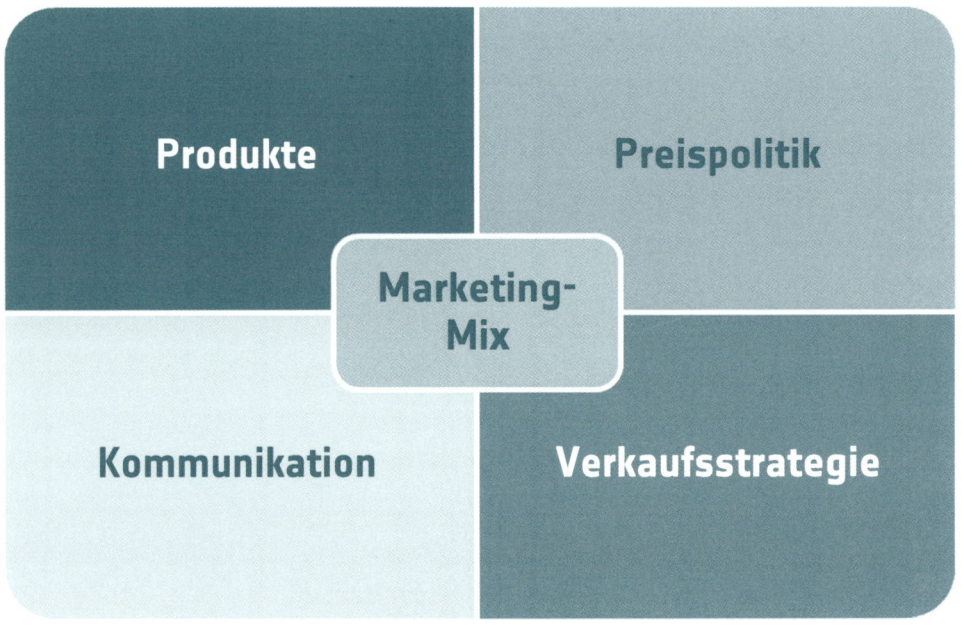

Produkt: Bei den Produkten können Sie sich beispielsweise für verschiedene Qualitäten entscheiden. Sie haben die Möglichkeit zwischen Hausgemachtem und Convenience zu wählen, Fastfood oder Slowfood anzubieten.

Preispolitik: Den Preis können Sie hoch, mittel oder günstig festlegen. Oder richten Sie den Preis an Ihrer Konkurrenz aus. Wollen Sie sich durch Preiskampf und durch Masse am Markt etablieren oder legen Sie mehr Wert auf exklusiven Service mit höheren Preisen?

Kommunikation: Bei der Kommunikation müssen Sie sich beispielsweise über die Kommunikationskanäle Ihrer Zielgruppe informieren und darüber, mit welcher Werbung Sie sie am besten erreichen. Fragen Sie Ihre Gäste, welche Art von Werbung sie bevorzugen. Nutzen Sie die Möglichkeit von Pressemitteilungen bei besonderen Aktionen.

Vergessen Sie nicht die interne Kommunikation – mit Ihren Mitarbeitern, Ihren Lieferanten und Partnern.

Verkaufsstrategie: Spricht das Design und das Ambiente den Gästekreis an? Welche Möglichkeiten zur Verkaufsförderung gibt es bei Ihrem Konzept? Benötigen Ihre Mitarbeiter zusätzliche Schulungen, um Ihr Angebot besser zu verkaufen?

Das Geheimnis eines erfolgreichen Marketing-Mix liegt in der passenden Abstimmung der unterschiedlichen Instrumente.

Marketingplan ausarbeiten

In der Gastronomie gibt es unzählige Aktionsmöglichkeiten, die Ihnen durch gezieltes und gut geplantes Vorgehen klare Wettbewerbsvorteile sichern. In der Praxis jedoch zeigt sich immer wieder, dass Gastronomen diesen Teil des unternehmerischen Handelns vernachlässigen.

Plötzlich ist wieder Weihnachten, Ostern oder Pfingsten. Im Allgemeinen erfolgen die Marketingaktivitäten für diese umsatzträchtigen Tage viel zu kurzfristig und sind unzureichend.

Verschaffen Sie sich ein paar Wettbewerbsvorteile, indem Sie sich die Zeit nehmen, im Voraus einen Jahresplan aufzustellen. Planen Sie und legen Sie fest, welche Aktionen zu welchem Zeitpunkt durchgeführt werden, was dafür wann zu tun ist und welches Budget Sie zur Verfügung haben.

Besorgen Sie sich einen Collegeblock, ein Notizbuch oder eine Vorlagenmappe mit Monatsregistratur. Ein Aktions-

Ausreichend lange Vorlaufzeit für Marketingaktionen einplanen

übersichtsplan lässt sich auch ganz leicht am PC entwerfen und ausdrucken, lassen Sie genügend Platz für handschriftliche Ergänzungen, damit Sie spontane Ideen und Gedanken ohne Aufwand einfügen können.

Notieren Sie für jeden Monat, welche Aktionen zu Ihrem Konzept passen und für Ihre Gäste interessant sein könnten. Sollten Ihnen monatliche Aktionen zu viel erscheinen, können Sie natürlich auch quartalsweise oder saisonal planen. Wichtig ist, dass Sie überhaupt einen Plan machen!

Lassen Sie Ihrer Fantasie freien Lauf und beobachten Sie Ihr Umfeld. Achten Sie auf aktuelle Trends, holen Sie sich Ideen zum Beispiel aus dem Einzelhandel. Greifen Sie Marketingaktivitäten anderer auf und ändern Sie diese ab, holen Sie sich Anregungen in Fachzeitschriften und bleiben Sie immer aufmerksam und sensibel für das aktuelle Geschehen. Gehen Sie auch einmal ganz bewusst andere Wege als Ihre Mitbewerber.

Im nächsten Schritt notieren Sie, welche Werbemaßnahmen für Sie in Frage kommen, und erstellen Sie einen groben Zeitplan. Legen Sie dann konkret fest, wann was von wem zu erledigen ist.

Kalkulieren Sie ausreichend hohe Kosten ein

Abschließend müssen nur noch die Ausgaben kalkuliert werden. Seien Sie dabei etwas großzügiger. Im Nachhinein ist es immer besser, zu hohe Kosten kalkuliert zu haben, als feststellen zu müssen, dass das Budget nicht ausreicht. Nachträglich Geldmittel bereitstellen zu müssen, zerschlägt Ihre ganze Kalkulation und schmälert nicht nur Ihren Umsatz, sondern kann unter Umständen den Erfolg der Marketingmaßnahme in Frage stellen.

Und auch für das Marketing gilt: Beziehen Sie Ihre Mitarbeiter in die Ausarbeitung des Aktivitätenplans mit ein. Nutzen Sie den Ideenreichtum Ihres Teams.

Aktivitätenplan

Folgende Punkte gehören in Ihren Jahresplan:

▶ Wichtige, wiederkehrende Termine
(z.B. Valentinstag, Ostern, Weihnachten, Stadtfest)
▶ Regelmäßig wechselnde Aktionen
(monatlich oder saisonal wechselnd)

- ► Sonderaktionen

  (Weitere, auch kurzfristig dem Tagesgeschehen angepasste Aktionen z.B. anlässlich von Filmpremieren, Theatergastspielen, Sportevents, Konzerten)

- ► Art der Werbemaßnahmen

  (Geeignete Medien auflisten, Flyer, E-Mail, Anzeigen, Pressemitteilung, Promotionen, Newsletter, Kundenzeitung etc.)

- ► Aufgaben

  (Wer macht was? Beispielsweise Kontakt zu Redaktionen aufnehmen, Druck in Auftrag geben, Gestaltung der Anzeige, Flyer in Auftrag geben)

- ► Geplante Kosten / Budget

  (Angaben über die Höhe der erforderlichen Ausgaben)

Multiplikatoren aktivieren

Wenn Sie Aktionen planen, müssen Sie natürlich dafür sorgen, dass jeder davon erfährt. Das funktioniert besonders gut, wenn Sie Ansprechpartner nutzen, die Einfluss auf andere haben, sogenannte Multiplikatoren. Das kann der Schwager im Gemeinderat sein, die Heimat- oder Gastroreporterin der örtlichen Tageszeitung.

Ganz wichtig: Bleiben Sie korrekt und vermeiden Sie alles, was den Multiplikator in den Ruch der Vorteilsnahme bringen könnte!

Den Einfluss von Multiplikatoren nutzen

Multiplikatoren

CHECKLISTE

- ⊙ Freundes-, Bekannten- und Familienkreis einbeziehen und für Gesprächsstoff sorgen
- ⊙ Regionale Gerüchteküche anheizen
- ⊙ Kontakt zu Vereinen und Verbänden aufnehmen und Angebot vorstellen
- ⊙ Persönlich Kontakt zu umliegenden Firmen und Geschäften aufnehmen, kurze Vorstellung mit kleinem Präsent (aus eigener Produktion)
- ⊙ Wichtige Persönlichkeiten aus Stadt und Politik ansprechen
- ⊙ Kooperationen mit Lieferanten und Partnern eingehen und Gemeinschaftsmaßnahmen nutzen

Marketingkonzept Restaurant

Die Marketingmaßnahmen

Den Schwerpunkt im Marketing legen wir auf hohe Service- und Produktqualität, denn die Mundpropaganda zufriedener Gäste vermittelt schnell neue Kunden.

Daneben pflegen wir eine lebendige Homepage und verschicken monatlich unseren Newsletter an Gäste und Interessenten. Mit Hinweisen auf aktuelle Aktionen und originellen Kochrezepten zum Nachkochen soll dies sowohl der Neukundenwerbung als auch der Kundenbindung dienen.

Um im Gespräch zu bleiben, werden wir unsere monatlich wechselnden Aktionen auch durch Handzettel und weitere Promotionaktionen auf belebten Straßen und Plätzen bewerben. Wir werden regelmäßig Werbekooperationen mit Lieferanten und Partnern eingehen, gemeinsame Aktionen planen und diese durch Pressearbeit bekannt machen.

Die Bedeutung des Marketings für den Geschäftserfolg ist uns bewusst. Deshalb haben wir das Budget mit drei Prozent des zu erwartenden Umsatzes veranschlagt und verschaffen uns dadurch deutliche Vorteile gegenüber unseren Mitbewerbern, die nach eigenen Recherchen im Bereich Marketing deutlich zu wenig aktiv sind.

Nachfolgend präsentieren wir unseren Aktionsjahresplan. Beispiele für Handzettel und Prospekte finden Sie im Anhang.

Unser Aktionsjahresplan

	Thema/Aktion	Werbemaßnahmen	Kosten/Budget
Januar	*Brainfood* gegen den Winterblues	Flyer, Inhouse-Aufsteller, Kontakt Fitnessstudios und Sportvereine, E-Mail-Newsletter	650 €
Februar	*Karneval in Rio* Brasilianisches Büfett mit heißen Rhythmen	Pressemitteilung, Anzeige Tageszeitung Flyer, Inhouse-Aufsteller, Plakate Tanzvereine, VHS, E-Mail-Newsletter	850 €
März	*Frühlingserwachen* Gesund und vital in den Frühling	Kontakt mit Krankenkassen vor Ort, Sportvereinen und Fitnesstudios, Flyer, Inhouse-Aufsteller, Newsletter	650 €
April	*Der Spargel ruft!* Köstliche Genüsse von der Stange	Anzeige Tageszeitung, Kooperation mit Spargelbauern, Inhouse-Aufsteller, E-Mail-Newsletter	850 €
Mai	*Gourmetwochen im Mai* Schlemmen und genießen mit regionalem Bezug	Pressemitteilung, Werbekooperation mit regionalen Verbänden, Flyer, Inhouse-Aufsteller, Newsletter	750 €
Juni	*Teilnahme am Stadtfest* Prosecco-Stand & Hausspezialitäten	Inhouse-Aufsteller, E-Mail-Newsletter	500 €
Juli	*Der Grill ist heiß!* Grillbüfett-Abende	Flyer, Inhouse-Aufsteller, E-Mail-Newsletter	750 € zum Festpreis
August	*Urlaubsfeeling* für Zuhausegebliebene	Flyer, Inhouse-Aufsteller, E-Mail-Newsletter	750 €
September	*Laue Spätsommernächte* Erotik-Food-Büfett	Pressemitteilung, Tageszeitung, Flyer, Inhouse-Aufsteller, Newsletter	850 €
Oktober	*Wild, wilder, am wildesten!* Wildspezialitäten aus der Region	Pressemitteilung, Tageszeitung, Flyer, Inhouse-Aufsteller, E-Mail-Newsletter	850 €
November	*World Kitchen* Eine Reise durch die Küchen der Welt	Promotionsaktion Einkaufsstraße PFlyer, Inhouse-Aufsteller, Newsletter	850 €
Dezember	*Nikolausparty* *Festmenüs* *Silvesterparty*	Werbeanzeigen, Flyer, Inhouse-Aufsteller, Newsletter Gastgeschenke Nikolaus & Weihnachten	1.250 €

Marketingkonzept Gaststätte

Marketing

Während der Renovierungsphase werden bereits Pressemitteilungen an die lokalen Zeitungen und Anzeigenblätter verschickt, informiert wird über den aktuellen Fortschritt der Renovierungsarbeiten und über das neue Konzept.

Gestützt wird diese Kampagne durch Kooperationsanzeigen mit Baufirmen und Lieferanten zur Eröffnung.

Um weiteres Interesse und Neugierde zu wecken, werden wir durch mehrere Handzettelaktionen (noch vier Wochen bis zur Eröffnung, noch drei Wochen, noch zwei Wochen) in der Innenstadt zusätzlich um Aufmerksamkeit werben.

Unser jährliches Marketingbudget beläuft sich auf 12 500 € für das Eröffnungsjahr und entspricht damit drei Prozent des geplanten Jahresumsatzes.

Eine Auflistung der Aktionen mit einer detaillierten Kostenaufstellung finden Sie im Anhang.

Marketingkonzept Barbetrieb

Unser Marketingkonzept

Unser Marketing beginnt bei unseren Mitarbeitern, die unsere Unternehmensphilosophie schließlich täglich für unsere Gäste lebendig halten. Kommunikation durch Lifestyle, Spaß und Freude. Wir wollen eine lebensfrohe Gemeinschaft sein und sehen unsere Gäste als Freunde an – unsere besten Freunde. In internen Schulungen wurden alle Mitarbeiter auf ihre Aufgabe vorbereitet und angehalten, im Freundes- und Familienkreis ausführlich über unser Gastronomiekonzept und unsere Besonderheiten zu berichten.

Während der Umbauarbeiten werden sämtliche Glasflächen mit einer ansprechenden »SoonComing«-Eigenwerbung verhängt.

Zur Eröffnung wird der bundesweit bekannte DJ Snoopy Duck Brown für ausgelassene Partystimmung sorgen. Ähnliche Partys werden zukünftig einmal im Monat stattfinden.

Weitere geplante Marketingaktionen:

▶ monatliche Newsletter mit Neuigkeiten aus der Szene und aktuellen Trends

▶ an Sonntagabenden bieten wir für den ersten Cocktail einen zweiten kostenlosen Cocktail nach Wahl für die Begleitung des Gasts

▶ Coupon-Aktionen in Zusammenarbeit mit z.B. Szenezeitschriften

▶ mobile Bar für Events, Stadtfeste und Veranstaltungen

▶ Promotionsaktionen

Marketingkonzept Coffeeshop

So machen wir auf uns aufmerksam

Durch Straßenpromotion werden zwischen 7:00 Uhr und 9:00 Uhr und zwischen 15:00 Uhr und 18:00 Uhr Flyer mit Treuerabatt-Karte an Passanten verteilt, die auf dem Weg zur Arbeit und nach Hause sind. Die Aktion richtet sich an die Mitarbeiter aus den umliegenden Büros. Außerdem werde ich mich bei allen Firmen persönlich vorstellen und meine Angebote offerieren.

Ein Straßenstand in der Eröffnungswoche wird vor dem Geschäft mit speziellen Probierangeboten neugierig auf mehr machen. Wir wollen den ersten Kontakt für unsere Gäste erleichtern und uns mit unseren Angeboten präsentieren.

Eine Flyer-Verteilaktion wird unser hausgemachtes Bioeis bewerben. Große Angebotstafeln vor der Ladentür machen Passanten auf uns aufmerksam.

Das regelmäßig wechselnde Produktangebot wird zusätzlich über Briefkastenflyer beworben.

Die interne Organisation

Unabhängig davon wie viele Mitarbeiter Sie beschäftigen: Erstellen Sie ein Organigramm Ihres Betriebes und entwickeln Sie zu jeder Stelle ein kurzes Tätigkeitsprofil. Dies gilt für jede zu besetzende Stelle im Betrieb – auch Ihre eigene.

Diese Tätigkeitsbeschreibung ist eine verbindliche, schriftliche Festlegung, die alle relevanten Aufgaben, Befugnisse, Arbeitsbedingungen und weitere Details des Stellenumfangs beschreibt. Dadurch schaffen Sie Klarheit und Transparenz für sich und Ihre Mitarbeiter und Sie erhalten Aussagen über die Fähigkeiten, die für die jeweilig zu besetzende Position notwendig sind.

Im nächsten Schritt fertigen Sie dann ein Mitarbeiter- Anforderungsprofil an. Dieses umschreibt ideale Kenntnisse und persönliche Eigenschaften des optimalen Bewerbers für die jeweilige Position.

Das Betriebsorganigramm kann zur Verdeutlichung der Personalstruktur dem Businessplan beigelegt werden. Die Tätigkeitsbeschreibungen der Führungsmitarbeiter sind wichtig für die eigenen Unterlagen.

Betriebsorganigramm und Stellenbeschreibung

Das Organigramm (Organisationsplan, Organisationsschaubild, Stellenplan) ist eine grafische Darstellung des Aufbaus Ihres Unternehmens. Organisatorische Einheiten sowie deren Aufgabenverteilung und Kommunikationsbeziehungen werden sichtbar.

In der Gastronomie sind im Wesentlichen die einzelnen Abteilungen Geschäftsführung, Buchhaltung, Küche, Service, Reinigung und Hausmeisterdienste von Bedeutung.

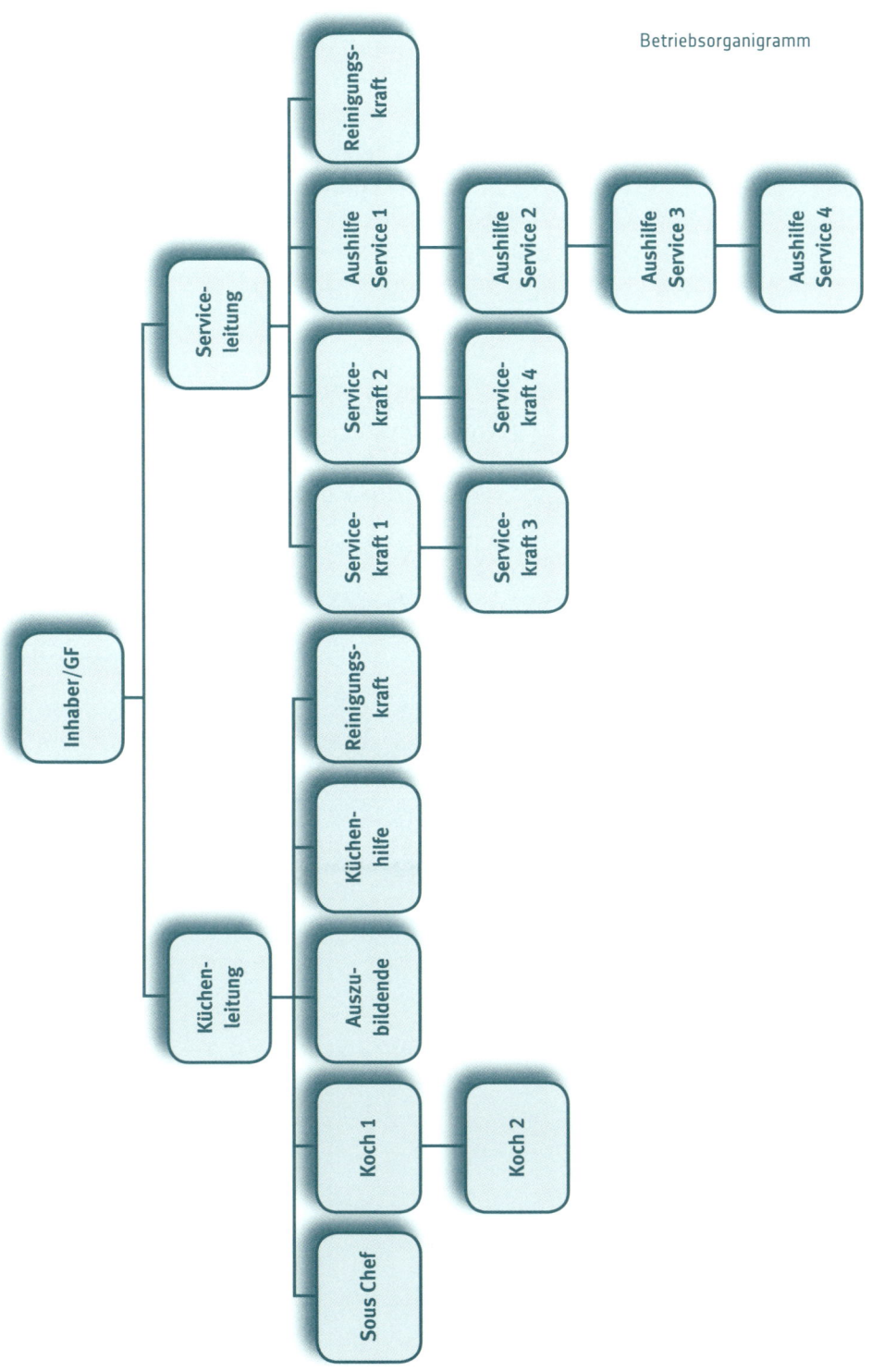

Betriebsorganigramm

Inhaber/GF

Serviceleitung
- Reinigungskraft
- Aushilfe Service 1 — Aushilfe Service 2 — Aushilfe Service 3 — Aushilfe Service 4
- Servicekraft 2 — Servicekraft 4
- Servicekraft 1 — Servicekraft 3

Küchenleitung
- Reinigungskraft
- Küchenhilfe
- Auszubildende
- Koch 1 — Koch 2
- Sous Chef

Interne Organisation Restaurant

Unternehmensorganisation

Als Geschäftsführer übernehme ich den gesamten organisatorischen Ablauf. Unterstützt werde ich von meiner Frau, die buchhalterische Aufgaben übernehmen wird und unserem Steuerberater zuarbeitet. Über ein einfaches und nicht allzu zeitaufwendiges Buchhaltungsprogramm habe ich so zeitnahen Zugriff auf alle für mein Controlling erforderlichen Zahlen.

Eingestellt wird ein Küchenchef und eine mich vertretende Restaurantleitung. Beide werden in wöchentlich stattfindenden Treffen über den aktuellen Unternehmensstand informiert und beteiligen sich aktiv an der Unternehmensgestaltung. Gemeinsam werden Zielvorgaben, Marketingaktivitäten und Richtlinien erarbeitet.

Die Mitarbeiterstruktur entnehmen Sie nebenstehendem Organigramm:

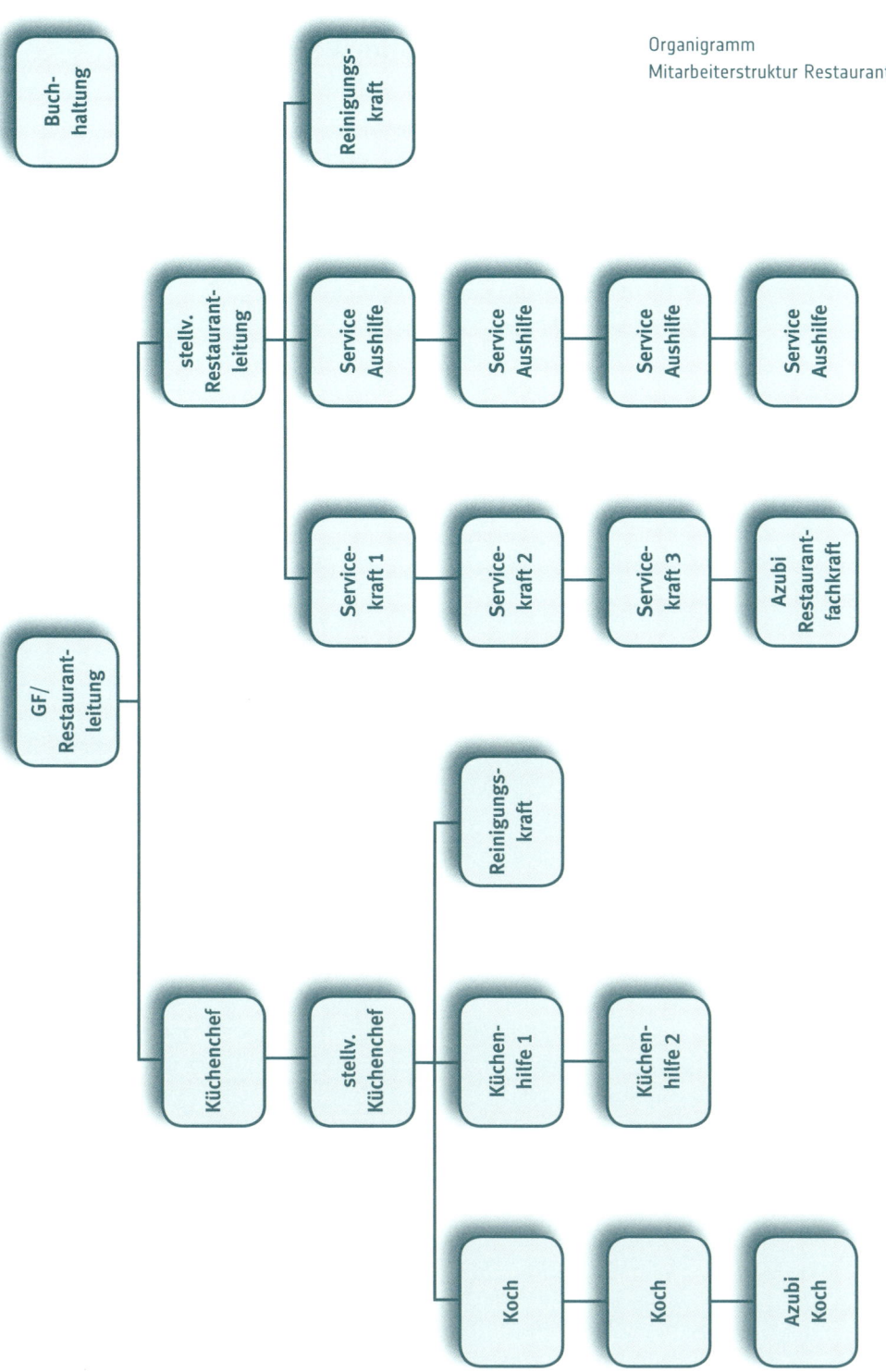

Organigramm
Mitarbeiterstruktur Restaurant

Buchhaltung

Reinigungskraft

stellv. Restaurantleitung

Service Aushilfe

Service Aushilfe

Service Aushilfe

Service Aushilfe

Servicekraft 1

Servicekraft 2

Servicekraft 3

Azubi Restaurantfachkraft

GF/ Restaurantleitung

Reinigungskraft

Küchenchef

stellv. Küchenchef

Küchenhilfe 1

Küchenhilfe 2

Koch

Koch

Azubi Koch

Interne Organisation Gaststätte

Geschäftsleitung

Die Geschäftsführung übernehmen Frau Claudia Service und Herr Peter Koch gemeinsam und vertreten die gegründete GbR zu gleichen Teilen im Außenverhältnis.

Im Innenverhältnis sind verantwortlich:

Frau Claudia Service für die Bereiche

▶ Personalverantwortung, Personaleinsatzplanung und -einstellung für Service und Reinigungskräfte

▶ Abschluss von Arbeitsverträgen

▶ Finanzen (Kontoführung, Bankgeschäfte)

▶ Steuern (Finanzamt, Steuerberater)

▶ Kassenabrechnung

▶ Marketing

Herr Peter Koch für die Bereiche

▶ Personalverantwortung, Personaleinsatzplanung und -einstellung für Küche und Hausmeisterdienste

▶ Preisgestaltung und Kalkulationen von Speisen und Getränken

▶ Wareneinsatzquoten

▶ Erstellung von Rezeptkarten (Getränke und Speisen)

▶ Wareneinkauf

▶ Lieferantenverhandlungen

▶ Controlling

Alle Rechtsgeschäfte und Verträge müssen von beiden Gesellschaftern genehmigt und unterzeichnet werden.

Personal

Im Service werden wir mit zwei Vollzeitkräften beginnen, die aktiv von Claudia Service unterstützt werden. Eine der beiden Vollzeitkräfte übernimmt zusätzlich die Vertretung von Frau Claudia Service in deren Abwesenheit, dazu gehört auch die tägliche Kassenabrechnung. Zusätzlich werden wir eine(n) Auszubildende(n) zur Fachkraft im Gastgewerbe einstellen.

In Stoßzeiten greifen wir zur Unterstützung der Vollzeitkräfte auf Aushilfskräfte zurück, die über Gastronomieer-
fahrung verfügen und mit denen wir bereits zusammen-
gearbeitet haben.

In der Küche werden neben Herrn Peter Koch zwei Köche
in Vollzeit eingesetzt. Einer der Köche wird als stellvertre-
tender Küchenchef fungieren. Zusätzlich wird ein Auszu-
bildender zum Koch/zur Köchin eingestellt.

Für die Reinigung der Räume werden zwei Teilzeitkräfte
beschäftigt.

Externer Berater

Buchhaltung, Jahresabschluss und monatliche Lohnab-
rechnung werden von einem Steuerberatungsbüro über-
nommen. Unser Steuerberater ist zudem seit langem für
verschiedene Gastronomieunternehmen tätig und berät
uns in allen finanziellen und steuerlichen Angelegenhei-
ten.

Tätigkeitsprofil Küchenchef Restaurant

PRAXISBEISPIEL

Stellenbezeichnung   Küchenchef

Stelleneinordnung
direkter Vorgesetzter: Inhaber
direkt unterstellte Mitarbeiter:
1 Sous-Chef, 1 Koch, 2 Küchenhilfen

Stellenvertretung
wird vertreten durch: Sous-Chef
vertritt: Sous-Chef

Stellenaufgaben
Der Stelleninhaber ist verantwortlich für einen reibungslosen und einwandfreien Ablauf aller Arbeitsprozesse und
eine auf Wirtschaftlichkeit ausgerichtete Personaleinsatzplanung. Er achtet auf ein optimales Küchenergebnis
im Hinblick auf die unternehmerischen Ziele und setzt
Material und Energie effizient und kostensparend ein.

Er ist für die komplette Führung der Küche verantwortlich, insbesondere gehören dazu folgende Aufgaben:

- ▶ Zubereitung von Speisen
- ▶ Qualitätsüberwachung der Speisen
- ▶ Erstellen der Speisekarte
- ▶ Ausarbeitung von Büfetts und Arrangements
- ▶ Kalkulieren der Preise für Speisen und Angebote
- ▶ Erstellen von Rezepturkarten
- ▶ Mitarbeiterführung unter Berücksichtigung der Unternehmensphilosophie/Leitsätze
- ▶ Wareneinkauf, Warenkontrolle und Lagerung
- ▶ Warenkostenkontrolle
- ▶ Einhalten von Hygienerichtlinien nach HACCP
- ▶ Durchführung der jährlichen Inventur

Stellenanforderungen
Ausbildung: Koch
Zusatzqualifikation: Ausbildereignung nach AEVO
Berufserfahrung: mindestens fünf Jahre, Erfahrung als Sous-Chef
Erforderliche Kenntnisse: MS Word, Excel, Kalkulationsgrundlagen, Mitarbeiterführung
Führerschein: Klasse BE

Kompetenzen
Der Küchenchef ist allen Küchenmitarbeitern gegenüber weisungsbefugt. Er hat ein Mitspracherecht in Bezug auf die geschäftspolitische Zielsetzung.

Arbeitsgruppen/Weiterbildung
Der Stelleninhaber verpflichtet sich zur Teilnahme an den wöchentlich stattfindenden Abteilungsleitersitzungen und an der jährlichen Zukunftsklausur.
Er zeigt Bereitschaft zur Weiterbildung und ist willens Kurse und Seminare zu besuchen, z.B. Fach-, Methoden-, und Führungsseminare.

Tätigkeitsprofil
Vollzeit-Servicekraft Restaurant

Stellenbezeichnung   Servicekraft

Stelleneinordnung
direkter Vorgesetzter: Serviceleitung
direkt unterstellte Mitarbeiter: Aushilfskräfte

Stellenvertretung
wird vertreten: durch Serviceleitung
vertritt: 2. Servicekraft

Stellenaufgaben
Die Stelleninhaberin sorgt für einen reibungslosen Ablauf im Service. Neben der steten Aufmerksamkeit und Freundlichkeit am Gast und im Umgang mit Kollegen wird die Umsetzung der Zielvorgaben erwartet.

Folgende Aufgaben gehören zum Tätigkeitsprofil:
- ► Begrüßung der Gäste
- ► Empfehlung der Tages- und Aktionsangebote
- ► Fachgerechtes Servieren der Getränke und Speisen
- ► Aktive Verkaufsförderung
- ► Sicherung der Servicequalität durch Aufmerksamkeit und Freundlichkeit
- ► Beteiligung an Teamsitzungen
- ► Umgang mit Reklamationen nach den Vorgaben des Hauses
- ► Pfleglicher Umgang mit Arbeitsmaterialien und Maschinen (Mobiliar, Geschirr, Kaffeemaschine etc.)
- ► Verantwortungsbewusster Umgang mit dem Kassensystem
- ► Kassenabrechnung
- ► Umsetzung der Unternehmensphilosophie und der betrieblichen Leitsätze
- ► Laufende Qualitätskontrolle der Ware
- ► Einhaltung der Hygienerichtlinien
- ► Sauberkeit auf allen Ebenen

Stellenanforderungen
Ausbildung: Restaurantfachfrau/mann
Zusatzqualifikation: ---
Berufserfahrung: Erfahrung im Bereich Party/Event
Erforderliche Kenntnisse: Wein (Grundkenntnisse)
Führerschein: ---

Kompetenzen
Es wird eine selbstständige Arbeitsweise vorausgesetzt. Wünschenswert ist aktive Beteiligung an der Ausbildung unserer Lehrlinge und Praktikanten.

Arbeitsgruppen/Weiterbildung
Der Stelleninhaber verpflichtet sich zur Teilnahme an den monatlichen Teamsitzungen und an der jährlichen Zukunftsklausur. Die Bereitschaft zur Weiterbildung wird vorausgesetzt.

Mitarbeiterprofil anfertigen
Um sich über die erforderlichen Kenntnisse und Fähigkeiten Ihrer Mitarbeiter und Mitunternehmer klar zu werden, sollten Sie für jede Position ein Mitarbeiterprofil ausarbeiten. Denken Sie dabei auch an allgemeine Merkmale wie Geschlecht, Alter und die Notwendigkeit eines Führerscheins.
Machen Sie sich ein ausführliches Bild von den Menschen, die Ihr Konzept vertreten werden und mit ihrem Auftreten und der Qualität ihrer Arbeitsleistung einen ganz erheblichen Anteil zum Erfolg beitragen müssen.

Beispiel Mitarbeiterprofil

Serviceleitung Restaurant

Fachliche Kompetenzen	zwingend erforderlich	wünschenswert
Ausbildung	ja	–
Berufserfahrung	ja	–
Führungserfahrung	ja	–
Branchenkenntnis	ja	–
Fremdsprachen	–	ja
PC-Kenntnisse	–	ja
Kassensystem	–	ja

Sonstige Kenntnisse		
Betriebswirtschaftl. Wissen	–	ja
Ausbilderbefugnis	ja	–

Ausprägung persönlicher Kompetenzen			
Eigenschaft	Hoch	Mittel	Gering
Teamfähigkeit	x		
Kreativität			x
Leistungsbereitschaft	x		
Organisationsvermögen		x	
Verantwortungsbewusstsein	x		
Zuverlässigkeit	x		
Kontaktfreude	x		
Kommunikationsfähigkeit	x		
Verkaufsgeschick		x	
Verhandlungsgeschick		x	
Kritikfähigkeit		x	
Anpassungsfähigkeit		x	
Belastbarkeit	x		
Durchsetzungsfähigkeit		x	
Freundlichkeit	x		
Flexibilität		x	
Sympathisches Auftreten	x		
Gepflegtes Erscheinungsbild	x		

Mitarbeiterbedarf berechnen

Da es zahlreiche Faktoren gibt, die Einfluss auf den Mitarbeiterbedarf haben, und Sie noch nicht über Erfahrungswerte bezüglich des tatsächlichen Gästeaufkommens verfügen, ist es für Sie als Existenzgründer natürlich schwierig, den richtigen Mitarbeiterbedarf exakt zu planen. Gute Mitarbeiterplanung ist aber die Grundlage für einen funktionierenden Betriebsablauf und somit ein wesentlicher Teil Ihres Unternehmenserfolges.

Zunächst einmal gilt es zwischen Quantität (Mitarbeiteranzahl) und Qualität (Mitarbeiterkompetenzen) zu unterscheiden. Letzteres wurde ja bereits mit der Ausarbeitung der Stellenbeschreibung und des Anforderungsprofils umrissen.

Für die zu ermittelnde Mitarbeiteranzahl sind folgende betriebsinterne Faktoren ausschlaggebend:

▶ Öffnungszeiten

▶ Öffnungstage im Jahr

▶ Servicestandards (Fünf-Sterne-Küche oder Selbstbedienung)

▶ Arbeitsaufwand (Convenienceprodukte oder Hausgemachtes)

▶ Anzahl der Sitzplätze

▶ Saisonale Spitzen- und Flautenzeiten

Als Grundlage für Ihre quantitative Mitarbeiterplanung nehmen Sie den für das Organigramm erstellten Stellenplan. Grundsätzlich richtet sich der Mitarbeiterbedarf zum einen nach den organisatorischen Rahmenbedingungen, also nach der geplanten Servicequalität und den Platzkapazitäten, und zum anderen nach Ihrer Umsatzerwartung. Nun ist es aber so, dass ein Mitarbeiter nicht an 24 Stunden und nicht an jedem Tag des Jahres zur Verfügung steht. Da gibt es Krankheitstage, Urlaubstage, freie Tage und Feiertage. Um die gesamten Öffnungstage und -zeiten abzudecken, reicht die einfache Besetzung jeder Stelle nicht aus, deshalb müssen mehr Mitarbeiter eingestellt werden, als im Stellenplan ausgewiesen sind.

Wenn Sie eine Servicekraft benötigen, um eine Tagesschicht abzudecken und Sie an 365 Tagen im Jahr geöffnet haben, hilft Ihnen folgende Berechnung:

Beispielrechnung für eine Vollzeit-Servicestelle

Öffnungstage		**365**
Freie Tage	52 Wochen x 2 Tage	104
Urlaubstage	nach Vereinbarung	25
Feiertage	unterschiedlich je nach Bundesland	8
Krankheitstage	durchschnittlich	5
Weiterbildungstage		5
Tatsächliche Arbeitstage	Tage, die der Mitarbeiter zur Verfügung steht	**218**

Wie Sie an der Rechnung sehen können, reicht die einfache Besetzung einer Vollzeitstelle nicht aus, um alle Öffnungstage abzudecken. Es ergibt sich anhand des Beispiels eine Differenz von 147 Arbeitstagen im Jahr.

Berechnung des voraussichtlichen Mitarbeiterbedarfs für diese Stelle:

Zusätzlichen Mitarbeiterbedarf bei den Personalkosten berücksichtigen

$$\text{Stellenmultiplikator} = \frac{\text{Öffnungstage (365)}}{\text{Arbeitstage (218)}} = 1{,}68$$

Wenn Sie für jeden Öffnungstag zehn Mitarbeiter benötigen, ergibt sich daraus folgender Gesamtbedarf, um einen reibungslosen Ablauf zu gewährleisten:

10 (Mitarbeiter) x 1,68 = 16,8 (Mitarbeiterbedarf)

Um alle Servicezeiten über das Jahr hinweg abzudecken, müssen Sie 17 Servicekräfte einstellen. Dies ist natürlich ein entscheidender Posten für die Personalkosten und muss im Personalkostenplan berücksichtigt werden.

Dienstplangestaltung und Arbeitszeitkonto

Haben Sie schon einmal darüber nachgedacht, Ihre Dienstplangestaltung über Arbeitszeitkonten zu optimieren? Falls nicht, sollten Sie das tun.

Vielleicht lässt sich ein solches System in Ihre Personalwirtschaft integrieren. Der Vorteil liegt in der Übersichtlichkeit der Kosten und in der höheren Flexibilität für Sie als Arbeitgeber. Mit einem flexiblen Arbeitszeitmodell haben Sie die Möglichkeit, in umsatzschwachen Zeiten das Stundenkontingent herunterzufahren, und in umsatzstarken Zeiten entsprechend länger arbeiten zu lassen. Gerade in der Gastronomie, die häufig saisonalen Schwankungen unterliegt, kann das von großem Nutzen sein.

Mitarbeiter auswählen

Die spezifischen Anforderungen an Ihre Mitarbeiter ergeben sich aus der Tätigkeitsbeschreibung und dem Mitarbeiterprofil. Wird bei einem Koch beispielsweise Kreativität und handwerkliches Geschick in den Vordergrund gestellt, sind bei Mitarbeitern mit Gästekontakt ein gepflegtes Äußeres, gute Umgangsformen und Verhaltensweisen, die zum Charakter des Gastronomiekonzeptes passen, wichtig. Kommunikationsfähigkeit und Freundlichkeit sind in unserer Branche ebenfalls von großer Bedeutung. Spaß an der Arbeit, Stressfähigkeit und Geschick im Umgang mit vielen verschiedenen Menschen sind bedeutende Voraussetzungen für eine Tätigkeit in der Gastronomie.

Bedenken Sie bei der Auswahl den Zusammenhang zwischen Gästezufriedenheit und Zufriedenheit der Mitarbeiter. Zufriedene Gäste kommen nicht von ungefähr und sind die Grundvoraussetzung für Ihren unternehmerischen Erfolg.

Gäste wünschen sich neben qualitativ einwandfreien Produkten, aufmerksame Mitarbeiter, prompte und schnelle Bedienung, Berücksichtigung von Sonderwünschen, kompetente Beratung und sympathische und gepflegte Servicekräfte.

Sehen Sie ihre Mitarbeiter als Mitunternehmer an und sorgen Sie für gute Arbeitsbedingungen. Die schwäbische Weisheit »Nicht gemeckert ist schon gelobt« wird Ihre Mitarbeiter nicht wirklich zu guten Leistungen motivieren. Behandeln Sie Ihre Mitarbeiter fair und loben Sie sie, schenken Sie ihnen Aufmerksamkeit und bedanken Sie sich für gute Leistungen. Sie werden überrascht sein, welches Potenzial sie freisetzen und mit welchem Engagement sie es Ihnen danken werden. Voraussetzung ist natürlich, dass Sie es aufrichtig, ehrlich und ernst meinen.

Vorteile zufriedener Mitarbeiter
- ▸ Sie machen mehr Umsatz.
- ▸ Sie arbeiten engagierter.
- ▸ Sie identifizieren sich mit dem Unternehmen und werben neue Gäste im Kreise ihrer Freunde und Bekannten.
- ▸ Sie bauen ein Vertrauensverhältnis zu den Gästen auf – und die kommen gerne wieder.
- ▸ Sie schaffen ein gutes Betriebsklima, das Ihre Gäste spüren.
- ▸ Sie bringen sich ins Unternehmen ein und machen Verbesserungsvorschläge.
- ▸ Sie bleiben länger im Betrieb, kommunizieren untereinander und sorgen für mehr Motivation und Leistung.

Bei der Auswahl der richtigen Mitarbeiter geht es zunächst darum, alle eingegangenen Bewerbungen zu sichten und ein paar Kandidaten in die engere Auswahl zu nehmen.

Scheuen Sie sich nicht, mit den interessanten Bewerbern anhand einer Checkliste ein telefonisches Vorabgespräch zu führen. Dabei werden sicher einige aus dem Bewerberkreis ausscheiden. Die anderen laden Sie zu einem persönlichen Gespräch ein.

Legen Sie vorher fest, wie viel Zeit Sie sich für jeden Bewerber nehmen wollen und dokumentieren Sie den Verlauf des Gesprächs. Legen Sie auch den Fragenkatalog fest. Das ist wichtig, um sich ganz auf das Verhalten und die Antworten des Bewerbers konzentrieren zu können. Durch Standardfragen schaffen Sie außerdem eine direkte Vergleichbarkeit.

Legen Sie für Bewerbungsgespräche einen Fragenkatalog fest

Das Einstellungsinterview

Schritt 1 Begrüßung
▸ Begrüßung und Vorstellung
▸ erste knappe Information über das Unternehmen
In dieser Phase ist es wichtig, die für die meisten Bewerber angespannte Situation aufzulockern und eine entspannte Atmosphäre zu schaffen.

Schritt 2 Informationen über den Bewerber einholen
Sie stellen Fragen zu:
▸ Ausbildung und Berufsweg
▸ Gründe für den angestrebten Stellenwechsel
▸ berufliche Erwartungen und Ziele
▸ Freizeitaktivitäten und Familie
▸ Persönlichkeitsmerkmale, Werte und Charaktereigenschaften

Schritt 3 Informationen an den Bewerber geben
▸ Vorstellung des Unternehmens
▸ Beschreibung der zu besetzenden Stelle und der Anforderungen
▸ Details zum Arbeitsvertrag

Schritt 4 Bemühen um den Bewerber
▸ Vorzüge des Unternehmens herausstellen
▸ Vorzüge der Position hervorheben

Schritt 5 Positiver Abschluss
▸ Dank für Interesse an der zu besetzenden Stelle
▸ Vereinbarung zur weiteren Vorgehensweise

Solch eine strukturierte Vorgehensweise empfiehlt sich, um zu ermitteln, inwieweit die Bewerber den Pflicht- und Wunschkriterien der Stellenbeschreibung und des Anforderungsprofils entsprechen.
Vorher ausgearbeitete Standardfragen haben zudem den Vorteil, die Bewerbungsgespräche vergleichbar zu gestalten. Achten Sie darauf, dass der Bewerber ausreichend zu Wort kommt, empfohlen sind mindestens 50 Prozent der Gesprächszeit.
Bewerten Sie jeden Bewerber direkt im Anschluss des Gesprächs anhand einer Checkliste, das hilft Ihnen die Übersicht zu behalten.

Mitarbeiter weiterbilden

Kalkulieren Sie Kosten für Weiterbildungsmaßnahmen ein

Investieren Sie in die Schulung Ihrer Mitarbeiter und achten Sie schon vom Einstellungsgespräch an auf die Bereitschaft Ihrer Mitarbeiter, sich weiterzubilden. Planen Sie auch diesbezüglich im Voraus und legen Sie fest welche Schulungsmaßnahmen für Ihr Konzept wichtig sind und über welche Anbieter Sie diese umsetzen wollen.

Eröffnen Sie zum Beispiel einen Coffeeshop, ist ein Barista-Seminar die richtige Wahl. Der Mitarbeiter erhält dort fachliche Kompetenzen, die er Kollegen und Gästen weitergeben kann. Umgekehrt können auch Sie mit zertifizierten Mitarbeitern werben.

Kalkulieren Sie feste Weiterbildungstage in Ihr Personalkonzept ein und berücksichtigen Sie dies bei Ihren Personalkosten. Solch eine vorausschauende Personalplanung im Businessplan zeigt bei Geldgebern Wirkung.

Der Personalkostenplan

Der Personalkostenplan soll aufzeigen, dass die Personalkosten zu den geplanten Umsatzzahlen in Relation stehen und der Umsatzleistung entsp rechen.

Vergessen Sie nicht die vom Arbeitgeber zu leistenden Anteile an den Sozialabgaben und weitere Personalnebenkosten, wie die Kosten für die Lohnbuchhaltung.

Nehmen Sie, um Orientierung zu erhalten, auf Ihr Gastronomiekonzept zugeschnittene Betriebsvergleiche zur Hilfe. Diese sind über den Deutschen Hotel- und Gaststättenverband (Dehoga) zu beziehen.

Vergessen Sie auch nicht, Ihren Unternehmerlohn zu berücksichtigen! Er schlägt als sogenannter kalkulatorischer Unternehmerlohn zu Buche. Diesen sollten Sie sich monatlich auf Ihr Privatkonto überweisen. Das Finanzamt schätzt die Trennung zwischen Privatem und Geschäftlichem.

PRAXISBEISPIEL   Peronalkostenplan

	Monatlicher Bruttolohn	Inklusive Arbeitgeber-anteil monatl. 22 %	Inklusive Personal-nebenkosten monatl. 4 %	Jährliche Kosten
	EUR	EUR	EUR	EUR
„Kalkulatorischer Unternehmerlohn"	2.500,00			30.000,00
Service Gesamt	**8.966,00**	**10.938,52**	**11.376,06**	**136.512,73**
Restaurantleitung	2.146,00	2.618,12	2.722,84	32.674,14
Stellvetretung	1.823,00	2.224,06	2.313,02	27.756,27
Servicekraft 1	1.596,00	1.947,12	2.025,00	24.300,06
Servicekraft 2	1.493,00	1.821,46	1.894,32	22.731,82
Servicekraft 3	1.493,00	1.821,46	1.894,32	22.731,82
Auszubildende	415,00	506,30	526,55	6.318,62
		0,00	0,00	0,00
Küche Gesamt	**7.840,00**	**9.564,80**	**9.947,39**	**119.368,70**
Küchenchef	2.295,00	2.799,90	2.911,90	34.942,75
Stellvertretung	1.938,00	2.364,36	2.458,93	29.507,21
Koch 1	1.596,00	1.947,12	2.025,00	24.300,06
Köchin 2	1.596,00	1.947,12	2.025,00	24.300,06
Auszubildender	415,00	506,30	526,55	6.318,62
		0,00	0,00	0,00
Reinigung Gesamt	**3.684,00**	**4.494,48**	**4.674,26**	**56.091,11**
Küchenhilfe	1.228,00	1.498,16	1.558,09	18.697,04
Küchenhilfe	1.228,00	1.498,16	1.558,09	18.697,04
Reinigungskraft	1.228,00	1.498,16	1.558,09	18.697,04
		0,00	0,00	0,00
		0,00	0,00	0,00
		0,00	0,00	0,00
Verwaltung Gesamt	**2.900,00**	**3.538,00**	**3.679,52**	**44.154,24**
Buchhaltung	1.450,00	1.769,00	1.839,76	22.077,12
Bürokraft	1.450,00	1.769,00	1.839,76	22.077,12
		0,00	0,00	0,00
Gesamt	**23.390,00**	**28.535,80**	**29.677,23**	**386.126,78**
Personalkosten Monat	**29.677,23**		**Personalkosten Jahr**	**386.126,78**

Das Mitarbeiterhandbuch

Von großem Nutzen ist ein sogenanntes Mitarbeiterhandbuch, auch Mitarbeiterleitfaden oder Mitarbeitermanual genannt.

Darin legen Sie klare Vorgaben zu Mitarbeiterwissen und -verhalten fest. Leitsätze, Unternehmensziele und Verhaltensregeln werden schriftlich erfasst, mit jedem Mitarbeiter besprochen und danach in Papierform ausgehändigt. Häufig wird der Leitfaden dem Arbeitsvertrag beigefügt und als gelesen und erhalten vom Mitarbeiter abgezeichnet. Das hat den Vorteil, dass Sie sich einerseits bei eventuellen Streitigkeiten darauf berufen können und andererseits Ihre Mitarbeiter die Bedeutung des Regelwerkes erkennen.

Dieser Leitfaden gehört zwar nicht in vollem Umfang in den Businessplan, doch Sie können anführen, dass es einen Mitarbeiterleitfaden gibt und ihn ganz oder teilweise in den Anhang aufnehmen.

Mitarbeiterhandbuch spezifiziert Leitsätze und Ziele

Mitarbeiterhandbuch

PRAXISBEISPIEL

MITARBEITER–LEITFADEN

Herzlich willkommen!

Wir freuen uns, dass Sie sich für eine Mitarbeit in unserem Unternehmen entschieden haben. Um Ihnen einen Einblick in unser Handeln zu ermöglichen, haben wir einen kleinen Wegweiser ausgearbeitet, der Ihnen als Anhaltspunkt dienen soll. Wir möchten mit diesen Informationen für Transparenz und Klarheit sorgen.

Damit Sie sich von Anfang an bei uns wohlfühlen, steht Ihnen für die erste Zeit Herr Maximilian Pate als persönlicher Ansprechpartner zur Seite.

Weitere Ansprechpartner für Sie:

Name	Funktion	Durchwahl
Horst Chef	*Inhaber*	6789-10
Robert Koch	*Küchenchef*	6789-12
Ines Freundlich	*Serviceleitung*	6789-11
Christa Zahl	*Finanz & Lohnbuchhaltung*	6789- 21
Werner Schraube	*Haustechniker*	6789-15

Das bieten wir unseren Gästen

Unsere Produkte sind allesamt von bester Qualität und haben einen regionalen Bezug.

Ab 8:00 bis 11:30 Uhr
Frühstücksbüfett
Ab 11:30 bis 15:00 Uhr
Täglich wechselndes Mittagsgericht zu 5,90 €; Standardkarte: gutbürgerliche Gerichte, Suppen und Salate
Ab 15:00 Uhr
Hausgemachte Blechkuchen
Ab 18:00 Uhr
À-la-Carte-Gerichte; ein wöchentlich wechselndes Drei-Gänge-Menü für 19,90 €, inkl. Hausaperitif; laufend themenbezogene Aktionen

Öffnungszeiten Restaurant
Täglich von 8–1 Uhr

Öffnungszeiten Küche
Täglich von 8–23 Uhr 30

Unsere Unternehmensphilosophie
Unser Handeln und Denken ist auf die Bedürfnisse unserer Gäste ausgerichtet. Deshalb müssen wir uns immer fragen:
► Was wünscht der Gast?
► Was erwartet er?
► Was spricht ihn an?
Wir wollen die Erwartungen unserer Gäste nicht nur erfüllen, sondern übertreffen!

Unsere Leitsätze
Lächeln macht glücklich, auch unsere Gäste!
Als professionelle Gastronomen repräsentieren wir durch ein adrettes Äußeres und ein freundliches Auftreten gepflegte Gastlichkeit mit guter Laune.

Unsere Ziele
► Der durchschnittliche Umsatz pro Gast liegt bei mindestens 12,50 €.

- Getränke sind spätestens 5 Minuten nach Bestelleingang beim Gast.
- Essen wird innerhalb von 20 Minuten heiß serviert.
- Wir wollen in allen Belangen besser als unsere Mitbewerber sein.
- Durch unser Handeln schaffen wir Erlebnisqualität.

Kommunikation

Wertschätzende Kommunikation untereinander und ein anerkennender Umgang miteinander sind Grundvoraussetzung unserer Unternehmensphilosophie. Jeder Mitarbeiter, egal auf welcher Ebene, verpflichtet sich, diese Regel stets zu beachten, auch in Stresssituationen. Dies gilt für den Umgang mit Kollegen und mit Gästen.

Arbeitskleidung

Auf saubere und täglich frische Bekleidung wird größten Wert gelegt. (Machen Sie klare Vorgaben, welche Abteilung welche Arbeitskleidung zu tragen hat. Vom Vorbinder bis hin zu den Arbeitsschuhen.)

Verhaltensregeln
Am Telefon

Ziel ist, jeden Telefonanruf spätestens nach dem dritten Klingeln anzunehmen. Unsere Begrüßung lautet:
»Restaurant Olivia. Guten Tag! Mein Name ist Olivia Olive. Was kann ich für Sie tun?«

Bei Tisch-Reservierungen müssen stets folgende Daten abgefragt und notiert werden:
- Vorname und Name
- Telefonnummer für eventuellen Rückruf
- Gästeanzahl
- Datum der Reservierung
- Uhrzeit
- Datum und Zeitpunkt der Reservierungsannahme

Bitte benutzen Sie immer das Reservierungsbuch!

Am Gast

Seien Sie präsent und widmen Sie Ihre gesamte Aufmerksamkeit dem Menschen, mit dem Sie sprechen!

Jeder Gast wird beim Eintreten ins Lokal aufmerksam und freundlich begrüßt.

Am Tisch erfolgt eine weitere Begrüßung durch den Tischservice nach folgendem Ablauf: »Guten Tag/Abend Herr/Frau Gast. Schön, dass Sie heute bei uns sind. Mein Name ist Olivia Olive, und ich bin für Sie da. Meine Visitenkarte finden Sie auf dem Tisch.«

Dann Aperitif abfragen und die Tagesempfehlung geben.

Bestellaufnahme: Gast freundlich, schnell und zuvorkommend bedienen. Sonderwünsche der Gäste werden gerne aufgenommen.

(Legen Sie außerdem entsprechend Ihrem Gastronomietyp eine konkrete Zeitvorgabe fest, wann der Gast spätestens einen ersten Kontakt mit der Servicekraft am Tisch haben muss.)

Im laufenden Service

Ständig auf Sauberkeit der Tische im Gastraum achten, gegebenenfalls zwischendurch sauber machen, Tischwäsche wechseln. Menagen und Tischdekoration sauber und gut gefüllt halten.

Immer Dessert, Kaffee und Digestiv abfragen.

(Machen Sie Vorgaben in welchen Intervallen weitere Kontakte stattfinden sollen. Wann und wie nachgefragt werden soll, ob es noch etwas sein darf etc.)

Verabschiedung

Für den Besuch bedanken und auf kommende Aktionen und Veranstaltungen hinweisen: »Ich würde mich freuen, Sie bald wieder bei uns begrüßen zu dürfen.« Visitenkarte oder kleine Aufmerksamkeit des Hauses mitgeben.

In der Küche

▶ Wir lieben Lebensmittel und gehen sorgsam damit um.
▶ Alle Rezeptvorgaben werden eingehalten.
▶ Wir arbeiten kostenbewusst.
▶ Wir produzieren qualitativ hochwertiges Essen.

- ▶ Sauberkeit und Hygiene haben oberste Priorität.
- ▶ Wir wollen die Wünsche unserer Gäste erfüllen.
- ▶ Wir pflegen einen wertschätzenden Umgang miteinander.
- ▶ Wir sind ein Team.

Im Team

- ▶ Bereiten Sie anderen Freude! Die Welt wird ein bisschen schöner, wenn man etwas für andere tut.
- ▶ Der Umgang miteinander ist geprägt von Respekt und Kollegialität.
- ▶ Ein ständiger Informationsfluss zwischen Kollegen und den Abteilungen sorgt für eine abgestimmte Zusammenarbeit.
- ▶ Jeder ist wichtig!

Allgemeine Arbeitsregeln

- ▶ Bitte treffen Sie rechtzeitig zum Dienstbeginn ein, damit Sie mit ausreichend Zeit und ohne Hektik die Schicht beginnen können.
- ▶ Bitte informieren Sie sich vor Dienstantritt immer über tagesaktuelle Änderungen und Ergänzungen. Beachten Sie dabei auch die speziellen Aktionsangebote und Veranstaltungen.
- ▶ Immer auf Sauberkeit von Besteck und Geschirr achten.
- ▶ Stets Ordnung halten und benutzte Materialen immer an den dafür vorgesehenen Ort räumen.
- ▶ Bei unbekannten Produkten oder Fragen der Gäste, Kollegen und Vorgesetzte um Hilfe bitten.
- ▶ Verantwortungsbewusst mit unseren Gästen und dem Ihnen anvertrauten Material umgehen.
- ▶ Gastorientiertes Denken und Handeln in jeder Situation pflegen.
- ▶ Eigenverantwortlich und zuverlässig arbeiten.
- ▶ Kreativität und Ideen einbringen.

Bitte beachten!

- ▶ Bei Diebstahl erfolgt die fristlose Kündigung.
- ▶ Der Genuss von Alkohol und Drogen ist aus arbeitsrechtlichen Gründen nicht gestattet. (Zuwiderhandlung führt zu Abmahnungen und zur fristlosen Kündigung.)

Die Finanzplanung

Am Anfang jeder Finanzplanung und Wirtschaftlichkeitsrechnung stehen Ihre ganz persönlichen Lebenshaltungskosten. Diese zu decken und möglichst einen Obolus für die schönen Dinge des Lebens zu erwirtschaften ist das primäre Ziel. Denn was nutzt die beste Idee, das schönste Konzept, wenn Sie damit nicht Ihren Lebensunterhalt bestreiten können. Der erste Schritt ist demnach die Beschäftigung mit Ihrem persönlichen Kapitalbedarf, denn er ist die Basis für Ihr zukünftiges unternehmerisches Handeln.

WICHTIG

Wichtiger Hinweis: Im folgenden Text werden Sie mit Tabellen konfrontiert, die in betriebswirtschaftlicher Hinsicht unerlässlich sind. Am leichtesten lassen sich solche Tabellen mit einem Tabellenkalkulationsprogramm wie zum Beispiel MS Excel oder mit der im Internet unter http://de.openoffice.org/ kostenlos herunterladbaren Software Open Office Calc erstellen. Tabellenkalkulationen erleichtern Ihnen die Arbeit nach der ersten Eingabe der Formeln erheblich und bringen wirtschaftliche Ergebnisse schnell in eine übersichtliche Form. Sollten Sie über keinerlei Anwenderkenntnisse verfügen, rate ich Ihnen dringend, bei der örtlichen Volkshochschule einen MS Excel Einsteigerkurs zu belegen oder aber sich von einem Trainer, Freunden oder Bekannten Grundkenntnisse beibringen zu lassen. Um betriebswirtschaftliche Berechnungen durchführen zu können, werden Sie diese immer wieder benötigen. Nicht nur zur Ausarbeitung Ihres Businessplans, sondern auch beim Controlling Ihres Betriebes.

Kalkulatorischer Unternehmerlohn

Den Betrag, den Sie sich jeden Monat zur Bestreitung Ihrer persönlichen Ausgaben überweisen, nennt man »kalkulatorischen Unternehmerlohn«. In der Gründungsphase wird dieser aus verständlichen Gründen so niedrig wie möglich bemessen werden müssen.

Stellen Sie zunächst Ihren ganz persönlichen Haushaltsplan zusammen und ermitteln Sie Ihren monatlichen

Geldbedarf, indem Sie die Jahressumme durch zwölf teilen. Versuchen Sie nicht, diese Summe möglichst gering zu halten, sondern berücksichtigen Sie Ihren tatsächlichen Bedarf. Nehmen Sie ein Budget für Unvorhersehbares in den Plan auf.

Der ermittelte kalkulatorische Unternehmerlohn fließt in alle weiteren Berechnungen zur Finanzplanung ein.

Der persönliche Haushaltsplan ist zwar nicht zwingender Bestandteil des Businessplans, doch Geldgeber oder Antragsentscheider sind in der Regel auch an Ihren Lebensvorstellungen in der Startphase interessiert.

Den tatsächlichen Bedarf berücksichtigen

PRAXISBEISPIEL   Private Lebenshaltungskosten

	Monatliche Kosten EUR	Jährliche Kosten EUR
Lebensunterhalt	400,00	4.800,00
Nahrung	300,00	3.600,00
Kleidung	50,00	600,00
Hygiene	50,00	600,00
		0,00
Wohnung	650,00	7.800,00
Miete	500,00	6.000,00
Nebenkosten	100,00	1.200,00
Strom	50,00	600,00
		0,00
Versicherungen	660,00	7.920,00
Krankenversicherung	300,00	3.600,00
Lebensversicherung	50,00	600,00
Berufsunfähigkeitsversicherung	50,00	600,00
Altersvorsorge	200,00	2.400,00
Privat Haftpflicht	10,00	120,00
Sonstige Zusatzversicherungen	50,00	600,00
		0,00
KFZ-Kosten	400,00	6.400,00
Benzin	150,00	1.800,00
Reparaturen/Inspektionen		600,00
Versicherung		1.000,00
Kreditrate/Leasing	250,00	3.000,00
Steuer		300,00
		0,00
Telefon/Internet	50,00	600,00
Freizeit (Kino, Ausgehen etc.)	100,00	1.200,00
Urlaub/Reisen	100,00	1.200,00
Mitgliedsbeiträge (Vereine, Verbände etc.)	30,00	360,00
Sonstiges	50,00	600,00
		0,00
Kontoführungskosten (Gebühren, Zinsen)	10,00	120,00
Tilgungsraten (Kredite, Darlehen)	150,00	1.800,00
		0,00
Summe persönliche Lebenshaltungskosten	**2.758,33**	**33.100,00**

Investitionskosten ermitteln

Für die weitere Planung müssen zunächst die einmaligen Ausgaben für Anschaffungen (Einrichtung, Küche, Geräte, Maschinen, Mobiliar, Geschirr, Kleinteile, Dekoration etc.) und eventuelle Um- oder Einbaumaßnahmen kalkuliert werden. Machen Sie sich dazu eine Liste, teilen Sie diese in anzuschaffende Dinge und notwendige bauliche Maßnahmen.

Holen Sie für jeden Posten auf jeden Fall mehrere Angebote ein. Suchen Sie nach günstigen Einkaufsquellen, um den finanziellen Aufwand in der Startphase so gering wie möglich zu halten. Gastronomie-Auktionshäuser, E-Bay oder speziell ausgerichtete Handelsplattformen im Internet können interessante Alternativen bieten. Das gilt auch für Handwerkerleistungen.

Allerdings kann die Fixierung auf den günstigsten Preis fatale Folgekosten hervorrufen. Beziehen Sie Zusatzleistungen wie verlängerte Garantiezeiten und günstige Wartungskosten in Ihre Entscheidungsfindung mit ein. Auch die Langlebigkeit und Leistungsfähigkeit der Geräte und Einrichtungsgegenstände spielt eine Rolle.

Denken Sie auch an die variablen Kosten (z.B. den Energieverbrauch), die mit der Anschaffung verbunden sind. Unter Umständen kann Leasing ein probates Mittel sein, um den Kapitalbedarf zu verringern. Prüfen Sie die Vertragsmodalitäten vorher ganz genau. Auf keinen Fall dürfen Sie durch Ihre Investition die Liquidität (Zahlungsfähigkeit) Ihres Unternehmens gefährden, weil beispielsweise Leasing- oder Tilgungsraten zu hoch sind.

Je höher die laufenden Kosten sind, desto weniger Spielraum haben Sie für unvorhersehbare Ereignisse oder Schnäppchen und desto höher muss der monatliche Ertrag ausfallen. Um handlungsfähig zu bleiben brauchen Sie unbedingt freiverfügbare Geldmittel und einen gewissen finanziellen Spielraum.

Hinterfragen Sie deshalb genau, welche Investitionen wirklich notwendig sind und in welcher Form die Liquidi-

Finanziellen Aufwand in der Startphase gering halten

99

tät von Ihrer Durchführung betroffen sein wird. Überlegen Sie bei jeder einzelnen Anschaffung, ob diese tatsächlich notwendig ist.

Ziel Ihrer Investitionen sollte die Sicherung und Verbesserung der Wettbewerbsfähigkeit Ihres Betriebes sein. Eine Möglichkeit ist beispielsweise, die Investitionskosten zunächst in drei Kategorien zu unterteilen. In »Muss-Investitionen«, »Kann-Investitionen« oder »Wäre-schön-Investitionen«. Das heißt nichts anderes, als eine ABC-Analyse durchzuführen und nach diesem Prinzip die Dringlichkeit der Ausgaben festzulegen. Schließlich geht es als Unternehmer nicht darum in Schönheit zu sterben, sondern betriebswirtschaftlich zu handeln.

Investitionskostenplan   PRAXISBEISPIEL

	Planbudget	Angebot I	Angebot II	Angebot III
	EUR	EUR	EUR	EUR
Einrichtung Gastraum	**95.000,00**	**91.790,00**	**95.950,00**	**119.500,00**
Mobiliar	50.000,00	48.500,00	52.500,00	65.000,00
Geschirr/Besteck/Dekoartikel	10.000,00	11.500,00	9.500,00	8.500,00
Tresen	20.000,00	19.500,00	24.000,00	28.000,00
Kaffeemaschine	10.000,00	8.500,00	5.000,00	15.000,00
Musikanlage	1.000,00	890,00	1.450,00	1.200,00
Kasse	4.000,00	2.900,00	3.500,00	1.800,00
Küche	**27.000,00**	**24.100,00**	**16.250,00**	**33.200,00**
Herd	10.000,00	15.000,00	7.500,00	12.500,00
Grill	3.000,00	750,00	1.500,00	3.500,00
Mikrowelle	1.000,00	850,00	450,00	1.500,00
Arbeitstische	2.000,00	500,00	800,00	2.200,00
Kühlschränke/Kühlzellen	8.000,00	6.000,00	4.000,00	10.000,00
Kochgeschirr/Kleinteile	3.000,00	1.000,00	2.000,00	3.500,00
Büro	**1.300,00**	**3.330,00**	**1.280,00**	**1.700,00**
PC	500,00	750,00	590,00	400,00
Drucker	200,00	80,00	190,00	300,00
Kopierer	500,00	2.500,00	500,00	1.000,00
Telefon	100,00			
Bauliche Maßnahmen	**15.000,00**	**11.000,00**	**16.000,00**	**20.000,00**
Handwerker	10.000,00	8.500,00	12.000,00	14.000,00
Einbau/Installation	5.000,00	2.500,00	4.000,00	6.000,00
Unvorhersehbares	**5.000,00**			
Investitionskosten	**143.300,00**	**119.220,00**	**113.480,00**	**154.400,00**

Kapitalbedarf in der Gründungsphase

Nachdem Sie Ihren persönlichen Kapitalbedarf für Ihren Lebensunterhalt genau beziffern können und die Kosten für die Investitionen kennen, geht es im nächsten Schritt um die Ermittlung des gesamten Kapitalbedarfes für die Anlaufphase. Die Summe der im Kapitalbedarfsplan aufgelisteten Kosten, Ihr Eigenkapital abgezogen, ergibt Ihren Finanzierungsbedarf. Unterteilen Sie diesen Bedarf in Vorlauf- und Anlaufkosten für die ersten Monate.

Unter den Vorlaufkosten sind alle relevanten Kosten aufzuführen, die vor der Eröffnung entstehen. Ab dem Eröffnungstermin werden alle voraussichtlichen Kosten eingetragen und den erwarteten Einnahmen gegenüber gestellt. Die daraus resultierende Summe ergibt Ihren voraussichtlichen Kapitalbedarf für die Startphase.

Wenn Sie, wie im nachfolgenden Beispiel, geplante Umsätze in Ihren Bedarfsplan einbeziehen, vergessen Sie nicht, dass Ihre Umsatzzahlen reine Planzahlen sind und stark vom tatsächlichen Umsatz abweichen können! Planen Sie lieber mit einem großzügigen Kapitalpolster und sorgen Sie für Liquidität. Geld nachzulegen erweist sich oft als problematisch und bringt Sie unter Umständen in der Startphase in Schwierigkeiten.

Da in der Gastronomie in der Regel relativ schnell nennenswerte Umsätze erzielt werden, reicht im Allgemeinen ein Zeitraum von etwa 6 Monaten aus, um den Kapitalbedarf für die Anfangsphase zu berechnen.

102

Kapitalbedarf

	Vorlaufkosten	1. Monat	2. Monat	3. Monat
	EUR	EUR	EUR	EUR
Ausgaben				
Betriebsausgaben				
Gründungsberatung/Coaching	1.500,00	500,00	500,00	500,00
Investitionskosten/Einrichtung etc.	75.000,00			
Bauliche Maßnahmen	25.000,00			
Gebühren	1.500,00	500,00		
Miete/Pacht	10.000,00	2.500,00	2.500,00	2.500,00
Versicherungen	1.500,00			
Bücher/Informationsmaterial	500,00		100,00	
Workshops/Seminare	2.500,00			
Beiträge/Abonnements		150,00	150,00	150,00
Kfz-Kosten	20.000,00	500,00	500,00	500,00
Leasing		500,00	500,00	500,00
Kapitaldienst	3.000,00	1.000,00	1.000,00	1.000,00
Werbung/Marketing	5.000,00	5.000,00	1.000,00	1.000,00
Steuerberater	300,00	150,00	150,00	150,00
Mitarbeiterkosten	15.000,00	15.000,00	15.000,00	15.000,00
Warenkosten	15.000,00	15.000,00	15.000,00	15.000,00
Summe Betriebsausgaben	**175.800,00**	**40.800,00**	**36.400,00**	**36.300,00**
Privatentnahmen				
Lebensunterhalt (Nahrung etc.)	500,00	500,00	500,00	500,00
Miete	500,00	500,00	500,00	500,00
Energie/Nebenkosten	150,00	150,00	150,00	150,00
Krankenversicherung	350,00	350,00	350,00	350,00
Altersvorsorge	200,00	200,00	200,00	200,00
Bankgebühren	50,00	50,00	50,00	50,00
Kreditraten	250,00	250,00	250,00	250,00
Summe Privatentnahmen	**2.000,00**	**2.000,00**	**2.000,00**	**2.000,00**
Einnahmen/ Umsatz		**60.000,00**	**60.000,00**	**60.000,00**
Summe Kapitalbedarf	**177.800,00**	**160.600,00**	**139.000,00**	**117.300,00**
Kapitalbedarf Gesamt	**117.300,00**			

Geldgeber finden

Nun müssen passende Finanzierungsmöglichkeiten in Betracht gezogen werden. Unterscheiden Sie bei den Geldmitteln zwischen Eigenkapital, Fremdkapital und Leasing.

Checkliste Finanzierung

- Welche Finanzierungsquellen bieten sich an?
- Welche Risiken sind damit verbunden?
- Welche Konditionen sind damit verknüpft?
- Wie lassen sich geeignete Finanzierungsquellen miteinander kombinieren?
- Wie sieht die optimale Finanzierung aus?

Es gibt vielfältige Finanzierungsmöglichkeiten, und der Finanzmarkt ist für Laien oft undurchschaubar. In erster Linie wird Ihre Hausbank ein geeigneter Partner für Sie sein.

Nutzen Sie aber auch das durch den Europäischen Sozialfonds (ESF) geförderte Gründungs-Coaching. Dabei erhalten Sie viele Tipps über Finanzierungs- und Fördermöglichkeiten. Nähere Informationen hierzu finden Sie ab Seite 129.

Finanzierungsbedarf   PRAXISBEISPIEL

	EUR
Umbaukosten	**25.000,00**
Kostenvoranschlag	25.000,00
Betriebseinrichtung	**39.050,00**
Verkaufstresen	10.000,00
Gekühlte Glasvitrine	3.000,00
Getränkekühlschrank	1.500,00
Kaffeemaschine	7.500,00
Mikrowelle	1.000,00
Arbeitstisch Küche	750,00
Geschirrspülmaschine	4.000,00
Aufbackofen	1.800,00
Gläser, Geschirr, Besteck	2.000,00
Kleininventar	3.000,00
Kasse	2.500,00
Außenwerbung	2.000,00
Erstbestand Waren	**1.750,00**
Essen	1.000,00
Getränke	750,00
Kosten Anlaufphase	**7.850,00**
Miete	3.500,00
Energie	2.500,00
Versicherungen	1.500,00
Telefon/ Internet	350,00
Gründungskosten	**4.400,00**
Mietkaution	3.000,00
Konzession	300,00
Gründungsberatung	800,00
Gebühren	300,00
Liquiditätsreserve	**10.000,00**
Gesamter Kapitalbedarf	**78.050,00**
Eigenmittel	**40.000,00**
Eigenkapital	35.000,00
Sacheinlagen	5.000,00
Finanzierungsbedarf	**38.050,00**

PRAXISBEISPIEL   Betriebskostenplan

	Januar	Februar	März	April	Mai
	EUR	EUR	EUR	EUR	EUR
Fixe Kosten					
Miete/Pacht	1.500,00	1.500,00	1.500,00	1.500,00	1.500,00
Personalkosten/ festangestellte M.	5.000,00	5.000,00	5.000,00	5.000,00	5.000,00
kalkulatorischer Unternehmerlohn	2.500,00	2.500,00	2.500,00	2.500,00	2.500,00
Leasingraten	750,00	750,00	750,00	750,00	750,00
Wartung/ Instandhaltung	250,00	250,00	250,00	250,00	250,00
Versicherungen	1.500,00				
Marketing/ Werbung	500,00	500,00	500,00	500,00	500,00
Kommunikation Telefon/Internet	100,00	100,00	100,00	100,00	100,00
Summe Fixe Kosten	**12.100,00**	**10.600,00**	**10.600,00**	**10.600,00**	**10.600,00**
Variable Kosten					
Waren Food	1.500,00	1.000,00	2.000,00	2.500,00	2.500,00
Waren Getränke	1.000,00	600,00	800,00	1.000,00	800,00
Handelswaren	150,00	150,00	150,00	150,00	150,00
Energie	750,00	750,00	750,00	750,00	750,00
Personal Aushilfen	500,00	250,00	650,00	850,00	650,00
Summe Variable Kosten	**3.900,00**	**2.750,00**	**4.350,00**	**5.250,00**	**4.850,00**
Gesamtkosten Fixe und Variable Kosten	**16.000,00**	**13.350,00**	**14.950,00**	**15.850,00**	**15.450,00**
Jahres-Gesamtkosten	**194.550,00**				

Juni	Juli	August	Sept.	Okt.	Nov.	Dez.
EUR	EUR	EUR	EUR	EUR	EUR	EUR
1.500,00	1.500,00	1.500,00	1.500,00	1.500,00	1.500,00	1.500,00
5.000,00	5.000,00	5.000,00	5.000,00	5.000,00	5.000,00	5.000,00
2.500,00	2.500,00	2.500,00	2.500,00	2.500,00	2.500,00	2.500,00
750,00	750,00	750,00	750,00	750,00	750,00	750,00
250,00	250,00	250,00	250,00	250,00	250,00	250,00
	1.500,00					
500,00	500,00	500,00	500,00	500,00	500,00	500,00
100,00	100,00	100,00	100,00	100,00	100,00	100,00
10.600,00	**12.100,00**	**10.600,00**	**10.600,00**	**10.600,00**	**10.600,00**	**10.600,00**
2.000,00	2.000,00	2.000,00	3.000,00	3.000,00	2.500,00	4.000,00
1.500,00	1.500,00	800,00	1.500,00	1.500,00	1.500,00	2.000,00
150,00	150,00	150,00	150,00	150,00	150,00	150,00
750,00	750,00	750,00	750,00	750,00	750,00	750,00
1.250,00	1.250,00	850,00	1.000,00	1.000,00	1.300,00	1.500,00
5.650,00	**5.650,00**	**4.550,00**	**6.400,00**	**6.400,00**	**6.200,00**	**8.400,00**
16.250,00	**17.750,00**	**15.150,00**	**17.000,00**	**17.000,00**	**16.800,00**	**19.000,00**

Der Betriebskostenplan

Ein Betriebskostenplan verdeutlicht, welche fixen und variablen Kosten für Ihren Betrieb von Bedeutung sind und bildet die Grundlage der Rentabilitätsrechnung.

Fixkosten sind Kosten, die unabhängig vom Geschäftsaufkommen entstehen und auch bei Absatzschwankungen konstant bleiben. Dazu gehören unter anderem Miete/Pacht, Personalkosten für festangestellte Mitarbeiter, Ihr Unternehmerlohn, Verwaltungskosten, Gebühren für Mitgliedschaften, Betriebskostenvorauszahlungen, Grundgebühren für Telefon und Internet, Versicherungsprämien, Leasingkosten, Wartungsverträge, Kfz-Steuer.

Variable Kosten hingegen sinken oder steigen mit dem Umsatz. Das sind in der Gastronomie hauptsächlich Wareneinsatzkosten, Provisionen der Mitarbeiter, Verbrauchskosten für Energie und Kosten für zusätzliche Aushilfskräfte.

Zur Unterscheidung ist es hilfreich sich zu fragen, welche Kosten bei geöffnetem Lokal entstehen, auch ohne einen Euro Umsatz zu machen (Fixkosten), und welche durch einen höheren Umsatz steigen (variable Kosten).

Finanzielle Steuerung und Kontrolle durch Planung

Rentabilitäts- und Liquiditätsplanung

Finanzplanung ist nicht nur zum Start in die Existenzgründung oder zur Vorlage bei Banken oder anderen Kapitalgebern wichtig. Sie gehört zu den fortlaufenden Aufgaben eines Gastronomen und ist Bestandteil des Controllings. Sie dient dazu, auch zukünftig Ihren Betrieb zu steuern, Schieflagen rechtzeitig zu erkennen und gegebenenfalls Gegenmaßnahmen zu ergreifen. Nur mit einer konsequenten Planung des Finanzbedarfs und einem ständigen Überblick über die wirtschaftlichen Verhältnisse gewährleisten Sie eine gesicherte Liquidität. Und schließlich stellen Sie damit auch fest, ob sich Ihr Einsatz rentiert und Sie einen Gewinn erwirtschaften.
Sollten Sie mit den im Folgenden aufgeführten Tabellen Schwierigkeiten haben, rate ich Ihnen, entweder ein Wochenendseminar für Gastronomie-Betriebswirtschaft zu

belegen oder sich an einen in der Gastronomie erfahrenen Berater zu wenden. Kommen diese Möglichkeiten für Sie nicht in Betracht, hilft Ihnen vielleicht Ihr Steuerberater weiter. Allerdings sollten Sie beim Steuerberater darauf achten, dass dieser Erfahrungen mit Gastronomiebetrieben hat.

Nichtsdestotrotz gehören zu einer unternehmerischen Tätigkeit neben Fachkompetenz und Branchenkenntnis auch betriebswirtschaftliche Grundkenntnisse.

Da Sie noch nicht über tatsächliche Umsatzzahlen für Ihre Rentabilitätsrechnung verfügen – außer Sie übernehmen einen bestehenden Betrieb und haben das Glück, dass der Vorbesitzer Ihnen seine Zahlen offen legt –, müssen Sie diese schätzen. Dafür gibt es zwei Möglichkeiten: Entweder Sie berechnen den benötigten Umsatz anhand der anzunehmenden und bekannten Kosten, oder Sie berechnen die notwendige Gästezahl, den notwendigen monatlichen/täglichen Umsatz, um die Wirtschaftlichkeit und Rentabilität des Betriebes zu gewährleisten. Spielen Sie mehrere Szenarien durch und orientieren Sie sich an Zahlen aus aktuellen Betriebsvergleichen, die Ihrem Betriebstyp entsprechen.

Banken beispielsweise verlangen oft vor einer Kreditzusage je ein Beispiel für den schlechtesten, den besten und den wahrscheinlichsten Fall. Was nichts anderes bedeutet, als Ihre Rentabilitätsvorschau in drei Versionen auszuarbeiten. Einmal unter den besten anzunehmenden Bedingungen und Umsatzmöglichkeiten, einmal als vernunftorientierte und vermutlich wahrscheinlichste Version und eine letzte Vorschau unter ungünstigsten Entwicklungen. Im Wesentlichen soll Ihre Wirtschaftlichkeitsprognose den Geldgebern einen Eindruck Ihrer kaufmännischen und wirtschaftlichen Fähigkeiten vermitteln.

Die Struktur einer Rentabilitätsrechnung ist für alle Gastronomiebetriebe gleich, lediglich die Unterteilung des Betriebsumsatzes unterscheidet sich je nach Betriebstyp. In Sparten aufgegliederte Einnahmeposten zeigen die einzelnen Leistungsbereiche auf. Auch die betriebsbedingten Kosten sind abhängig von Größe und Betriebsart. So hängen zum Beispiel Wareneinsatz, Personalkosten oder Verwaltungskosten stark vom gebotenen

Service, der Warenqualität und der Mitarbeiteranzahl ab. Der Betriebsumsatz exklusive der betriebsbedingten Kosten ergibt das Betriebsergebnis I und stellt die betrieblichen Umsätze den dadurch verursachten Kosten gegenüber.

Anlagebedingte Kosten wie z.B. Pacht, Abschreibungen (AfA) und Kapitaldienstkosten werden dann im nächsten Schritt vom Betriebsergebnis I abgezogen und Sie erhalten das Betriebsergebnis II. Dieses beziffert das Betriebsergebnis vor Abzug von Steuern und Gewinn.

So erhalten Sie für Ihren Betrieb relevante Kennzahlen. Diese lassen sich dann mit den Kennzahlen ähnlicher Betriebstypen vergleichen und sie erleichtern Ihnen die Kostenüberwachung.

PRAXISBEISPIEL   Rentabilitätsrechnung

Betriebsumsatz	Speisenumsatz
	+ Getränkeumsatz
	+ Handelswarenumsatz
	= Warenumsatz
	+ sonstiger Umsatz
	= Betriebsumsatz
Abzüglich betriebsbedingter Kosten	Speisenkosten
	+ Getränkekosten
	+ Handelswarenkosten
	= Warenkosten
	+ Personalkosten
	+ Marketing/ Werbung
	+ Energiekosten
	+ Beiträge/ Versicherungen
	+ Verwaltungskosten
	+ sonstige Betriebskosten
	= betriebsbedingte Kosten
	= Betriebsergebnis I

Abzüglich	Miete/ Pacht
anlagebedingter	+ Leasing
Kosten	+ Reparaturen/Instandhaltung
	+ AfA und GWG
	+ Kapitaldienst/ Zinsen
	= anlagebedingte Kosten
	= Betriebsergebnis II

Nachdem gerade neu gegründete Unternehmen Zeit benötigen, bis sie eine stabile Ertragszone erreichen, empfiehlt es sich, die Rentabilitätsvorschau über einen Dreijahreszeitraum anzulegen und die Zahlen während des laufenden Geschäftsbetriebs ständig zu aktualisieren.
Die folgenden Tabellen sind bezüglich der Zahlenwerte rein fiktiver Natur und sollen nur verschiedene Möglichkeiten verdeutlichen, geben aber inhaltlich keine Vergleichswerte und haben nicht den Anspruch auf Allgemeingültigkeit. Zu beachten ist auch, dass alle Zahlenwerte vor Steuer ausgewiesen sind.

PRAXISBEISPIEL   Rentabilitätsplan 2010

Rentabilitätsplan 2010	Januar	Februar	März	April	Mai
Einnahmen/Umsatz/Erlöse	EUR	EUR	EUR	EUR	EUR
Summe Restaurant	**35.000**	**31.500**	**37.500**	**28.500**	**39.500**
Speisen	20.000	20.000	25.000	15.000	25.000
Getränke	15.000	11.500	12.500	13.500	14.500
Summe Außer-Haus-Verkauf	**2.000**	**1.300**	**1.300**	**2.750**	**2.500**
Speisen	1.500	1.000	1.000	2.000	1.500
Getränke	500	300	300	750	1.000
Summe Partyservice/Catering	**7.550**	**10.050**	**9.300**	**9.800**	**7.300**
Speisen	5.000	7.500	7.500	7.500	5.000
Getränke	1.500	1.500	1.000	1.500	1.500
Personal	750	750	500	500	500
Verleihgebühren	300	300	300	300	300
Summe Handelswaren	**500**	**500**	**500**	**250**	**150**
Einnahmen Gesamt	**45.050**	**43.350**	**48.600**	**41.300**	**49.450**
Summe Warenkosten	**13.237**	**13.159**	**15.012**	**12.075**	**14.705**
Speisen (35 %)	9.266	9.965	11.713	8.566	11.014
Getränke (21 %)	3.571	2.794	2.899	3.309	3.571
Handelswaren (80 %)	400	400	400	200	120
Rohertrag	**31.813**	**30.191**	**33.588**	**29.225**	**34.745**
Personalkosten	15.000	15.000	15.000	15.000	15.000
Marketing/Werbung	3.000	2.000	1.000	500	500
Energie	2.000	2.000	2.000	2.000	2.000
Versicherungen	1.500				
Beiträge/Abonnements	500			500	
Gema/GEZ	100	100	100	100	100
Verwaltungskosten/Beratung	1.500	1.500	1.500	1.500	1.500
Sonstige Betriebskosten	500	500	500	500	500
Müll/Entsorgung	400	400	400	400	400
Betriebsergebnis I	**7.313**	**8.691**	**13.088**	**8.725**	**14.745**
Miete/Pacht	4.000	4.000	4.000	4.000	4.000
Leasing	500	500	500	500	500
Reparaturen/ Instandhaltung	500	500	500	500	500
AfA und GWG	250	250	250	250	250
Zinsen/Tilgung/Geldverkehr	1.000	1.000	1.000	1.000	1.000
Betriebsergebnis II (vor Steuern)	**1.063**	**2.441**	**6.838**	**2.475**	**8.495**

Juni	Juli	August	Sept.	Okt.	Nov.	Dez.	Gesamt
EUR	EUR	EUR	EUR	EUR	EUR	EUR	EUR
23.500	24.000	27.500	37.500	39.500	48.000	49.000	421.000
15.000	15.000	15.000	25.000	25.000	30.000	30.000	260.000
8.500	9.000	12.500	12.500	14.500	18.000	19.000	161.000
1.300	1.300	1.500	1.500	2.500	3.250	5.000	26.200
1.000	1.000	1.000	1.000	2.000	2.500	3.500	19.000
300	300	500	500	500	750	1.500	7.200
5.800	5.800	6.800	8.550	8.550	8.800	13.800	102.100
3.500	3.500	4.500	6.000	6.000	6.000	10.000	72.000
1.500	1.500	1.500	1.500	1.500	1.500	2.000	18.000
500	500	500	750	750	1.000	1.500	8.500
300	300	300	300	300	300	300	3.600
150	150	150	150	250	500	500	3.750
30.750	31.250	35.950	47.700	50.800	60.550	68.300	553.050
9.102	9.207	10.334	14.355	15.205	18.116	20.337	164.845
6.818	6.818	7.168	11.189	11.538	13.462	15.210	122.727
2.164	2.269	3.046	3.046	3.466	4.254	4.727	39.118
120	120	120	120	200	400	400	3.000
21.648	22.043	25.616	33.345	35.595	42.434	47.963	388.205
15.000	15.000	15.000	15.000	15.000	15.000	15.000	180.000
500	3.000	500	500	3.000	500	500	15.500
2.000	2.000	2.000	2.000	2.000	2.000	2.000	24.000
	1.500						3.000
	500			500			2.000
100	100	100	100	100	100	100	1.200
1.500	1.500	1.500	1.500	1.500	1.500	1.500	18.000
500	500	500	500	500	500	500	6.000
400	400	400	400	400	400	400	4.800
1.648	-2.457	5.616	13.345	12.595	22.434	27.963	133.705
4.000	4.000	4.000	4.000	4.000	4.000	4.000	48.000
500	500	500	500	500	500	500	6.000
500	500	500	500	500	500	500	6.000
250	250	250	250	250	250	250	3.000
1.000	1.000	1.000	1.000	1.000	1.000	1.000	12.000
-4.602	-8.707	-634	7.095	6.345	16.184	21.713	58.705

PRAXISBEISPIEL   Rentabilitätsplan 2011

Rentabilitätsplan 2011	Januar	Februar	März	April	Mai
Einnahmen/Umsatz/Erlöse	EUR	EUR	EUR	EUR	EUR
Summe Restaurant	**38.000**	**31.000**	**36.000**	**32.000**	**38.000**
Speisen	30.000	20.000	25.000	20.000	25.000
Getränke	8.000	11.000	11.000	12.000	13.000
Summe Außer-Haus-Verkauf	**1.250**	**1.250**	**1.250**	**1.250**	**1.250**
Speisen	1.000	1.000	1.000	1.000	1.000
Getränke	250	250	250	250	250
Summe Partyservice/Catering	**7.250**	**4.250**	**6.750**	**4.750**	**5.750**
Speisen	5.000	3.000	4.500	3.500	4.000
Getränke	1.500	500	1.500	500	1.000
Personal	500	500	500	500	500
Verleihgebühren	250	250	250	250	250
Summe Handelswaren	**500**	**500**	**500**	**250**	**150**
Einnahmen Gesamt	**47.000**	**37.000**	**44.500**	**38.500**	**45.500**
Summe Warenkosten	**15.036**	**11.260**	**13.743**	**11.645**	**13.883**
Speisen (35 %)	12.587	8.392	10.664	8.566	10.490
Getränke (21 %)	2.048	2.468	2.679	2.679	2.994
Handelswaren (80 %)	400	400	400	400	400
Rohertrag	**31.964**	**25.740**	**30.757**	**26.855**	**31.617**
Personalkosten	15.000	15.000	15.000	15.000	15.000
Marketing/Werbung	1.000	500	500	500	500
Energie	2.000	2.000	2.000	2.000	2.000
Versicherungen	1.500				
Beiträge/Abonnements	500			500	
Gema/GEZ	100	100	100	100	100
Verwaltungskosten/Beratung	1.500	1.500	1.500	1.500	1.500
Sonstige Betriebskosten	500	500	500	500	500
Müll/Entsorgung	400	400	400	400	400
Betriebsergebnis I	**9.464**	**5.740**	**10.757**	**6.355**	**11.617**
Miete/Pacht	4.000	4.000	4.000	4.000	4.000
Leasing	500	500	500	500	500
Reparaturen/ Instandhaltung	500	500	500	500	500
AfA und GWG	150	150	150	150	150
Zinsen/Tilgung/Geldverkehr	1.000	1.000	1.000	1.000	1.000
Betriebsergebnis II (vor Steuern)	**3.314**	**-410**	**4.607**	**205**	**5.467**

Juni	Juli	August	Sept.	Okt.	Nov.	Dez.	Gesamt
EUR	EUR	EUR	EUR	EUR	EUR	EUR	EUR
21.000	21.500	22.000	32.500	30.000	42.000	48.000	392.000
15.000	15.000	15.000	20.000	20.000	30.000	30.000	265.000
6.000	6.500	7.000	12.500	10.000	12.000	18.000	127.000
1.250	1.250	1.250	1.250	1.250	1.250	1.250	15.000
1.000	1.000	1.000	1.000	1.000	1.000	1.000	12.000
250	250	250	250	250	250	250	3.000
5.750	5.750	5.750	5.250	9.250	9.750	11.750	82.000
2.000	4.000	4.000	3.500	7.500	7.500	9.000	57.500
3.000	1.000	1.000	1.000	1.000	1.500	2.000	15.500
500	500	500	500	500	500	500	6.000
250	250	250	250	250	250	250	3.000
150	150	150	150	250	500	500	3.750
28.500	29.000	29.500	39.500	41.000	53.500	61.500	495.000
8.637	9.021	9.126	11.855	12.728	16.750	18.640	152.325
6.294	6.993	6.993	8.566	9.965	13.462	13.986	116.958
1.943	1.628	1.733	2.889	2.363	2.889	4.254	30.567
400	400	400	400	400	400	400	4.800
19.863	19.979	20.374	27.645	28.272	36.750	42.860	342.675
15.000	15.000	15.000	15.000	15.000	15.000	15.000	180.000
500	1.000	500	500	1.000	500	500	7.500
2.000	2.000	2.000	2.000	2.000	2.000	2.000	24.000
	1.500						3.000
	500			500			2.000
100	100	100	100	100	100	100	1.200
1.500	1.500	1.500	1.500	1.500	1.500	1.500	18.000
500	500	500	500	500	500	500	6.000
400	400	400	400	400	400	400	4.800
-137	-2.521	374	7.645	7.272	16.750	22.860	96.175
4.000	4.000	4.000	4.000	4.000	4.000	4.000	48.000
500	500	500	500	500	500	500	6.000
500	500	500	500	500	500	500	6.000
150	150	150	150	150	150	150	1.800
1.000	1.000	1.000	1.000	1.000	1.000	1.000	12.000
-6.287	-8.671	-5.776	1.495	1.122	10.600	16.710	22.375

PRAXISBEISPIEL   Rentabilitätsplan 2012

Rentabilitätsplan 2012	Januar	Februar	März	April	Mai
Einnahmen/Umsatz/Erlöse	EUR	EUR	EUR	EUR	EUR
Summe Restaurant	**30.000**	**30.000**	**37.500**	**27.500**	**37.500**
Speisen	20.000	20.000	25.000	15.000	25.000
Getränke	10.000	10.000	12.500	12.500	12.500
Summe Außer-Haus-Verkauf	**1.250**	**1.250**	**1.250**	**1.250**	**1.250**
Speisen	1.000	1.000	1.000	1.000	1.000
Getränke	250	250	250	250	250
Summe Partyservice/Catering	**7.650**	**9.650**	**9.650**	**9.650**	**7.150**
Speisen	5.000	7.500	7.500	7.500	5.000
Getränke	1.500	1.500	1.500	1.500	1.500
Personal	1.000	500	500	500	500
Verleihgebühren	150	150	150	150	150
Summe Handelswaren	**500**	**500**	**500**	**500**	**500**
Einnahmen Gesamt	**39.400**	**41.400**	**48.900**	**38.900**	**46.400**
Summe Warenkosten	**11.959**	**12.834**	**15.107**	**11.610**	**14.233**
Speisen (35 %)	9.091	9.965	11.713	8.217	10.839
Getränke (21 %)	2.468	2.468	2.994	2.994	2.994
Handelswaren (80 %)	400	400	400	400	400
Rohertrag	**27.441**	**28.566**	**33.793**	**27.290**	**32.167**
Personalkosten	15.000	15.000	15.000	15.000	15.000
Marketing/Werbung	1.000	500	500	500	500
Energie	2.000	2.000	2.000	2.000	2.000
Versicherungen	1.500				
Beiträge/Abonnements	500			500	
Gema/GEZ	100	100	100	100	100
Verwaltungskosten/Beratung	1.500	1.500	1.500	1.500	1.500
Sonstige Betriebskosten	500	500	500	500	500
Müll/Entsorgung	400	400	400	400	400
Betriebsergebnis I	**4.941**	**8.566**	**13.793**	**6.790**	**12.167**
Miete/Pacht	4.000	4.000	4.000	4.000	4.000
Leasing	500	500	500	500	500
Reparaturen/ Instandhaltung	500	500	500	500	500
AfA und GWG	150	150	150	150	150
Zinsen/Tilgung/Geldverkehr	1.000	1.000	1.000	1.000	1.000
Betriebsergebnis II (vor Steuern)	**-1.209**	**2.416**	**7.643**	**640**	**6.017**

Juni	Juli	August	Sept.	Okt.	Nov.	Dez.	Gesamt
EUR	EUR	EUR	EUR	EUR	EUR	EUR	EUR
28.500	29.000	32.500	37.500	38.000	45.000	50.000	423.000
20.000	20.000	20.000	25.000	25.000	30.000	30.000	275.000
8.500	9.000	12.500	12.500	13.000	15.000	20.000	148.000
1.250	1.250	1.250	1.250	1.250	1.250	1.250	15.000
1.000	1.000	1.000	1.000	1.000	1.000	1.000	12.000
250	250	250	250	250	250	250	3.000
5.650	5.650	6.650	8.150	8.150	9.150	14.150	101.300
3.500	3.500	4.500	6.000	6.000	6.000	10.000	72.000
1.500	1.500	1.500	1.500	1.500	1.500	1.500	18.000
500	500	500	500	500	1.500	2.500	9.500
150	150	150	150	150	150	150	1.800
500	500	500	500	500	500	500	6.000
35.900	36.400	40.900	47.400	47.900	55.900	65.900	545.300
11.120	11.225	12.310	14.583	14.688	16.856	19.305	165.829
8.566	8.566	8.916	11.189	11.189	12.937	14.336	125.524
2.153	2.258	2.994	2.994	3.099	3.519	4.569	35.504
400	400	400	400	400	400	400	4.800
24.780	25.175	28.590	32.817	33.212	39.044	46.595	379.471
15.000	15.000	15.000	15.000	15.000	15.000	15.000	180.000
500	1.000	500	500	1.000	500	500	7.500
2.000	2.000	2.000	2.000	2.000	2.000	2.000	24.000
	1.500						3.000
	500			500			2.000
100	100	100	100	100	100	100	1.200
1.500	1.500	1.500	1.500	1.500	1.500	1.500	18.000
500	500	500	500	500	500	500	6.000
400	400	400	400	400	400	400	4.800
3.280	4.175	8.590	12.817	12.212	19.044	26.595	132.971
4.000	4.000	4.000	4.000	4.000	4.000	4.000	48.000
500	500	500	500	500	500	500	6.000
500	500	500	500	500	500	500	6.000
150	150	150	150	150	150	150	1.800
1.000	1.000	1.000	1.000	1.000	1.000	1.000	12.000
-2.870	-1.975	2.440	6.667	6.062	12.894	20.445	59.171

PRAXISBEISPIEL   Ertrags- und Rentabilitätsvorschau

	2010		2011		2012	
	in EUR	%	in EUR	%	in EUR	%
Einnahmen/Umsatz/Erlöse						
Summe Restaurant	**421.000**	**76 %**	**392.000**	**79 %**	**423.000**	**78 %**
Speisen	260.000	62 %	265.000	68 %	275.000	65 %
Getränke	161.000	38 %	127.000	32 %	148.000	35 %
Summe Außer-Haus-Verkauf	**26.200**	**5 %**	**15.000**	**3 %**	**15.000**	**3 %**
Speisen	19.000	73 %	12.000	80 %	12.000	80 %
Getränke	7.200	27 %	3.000	20 %	3.000	20 %
Summe Partyservice/Catering	**102.100**	**18 %**	**82.000**	**17 %**	**101.300**	**19 %**
Speisen	72.000	71 %	57.500	70 %	72.000	71 %
Getränke	18.000	18 %	15.500	19 %	18.000	18 %
Personal	8.500	8 %	6.000	7 %	9.500	9 %
Verleihgebühren	3.600	4 %	3.000	4 %	1.800	2 %
Summe Handelswaren	**3.750**	**1 %**	**6.000**	**1 %**	**6.000**	**1 %**
Einnahmen Gesamt	**553.050**	**100 %**	**495.000**	**100 %**	**545.300**	**100 %**
Summe Warenkosten	**164.845**	**30 %**	**152.325**	**31 %**	**165.829**	**30 %**
Speisen (35 %)	122.727	74 %	116.958	77 %	125.524	76 %
Getränke (21 %)	39.118	24 %	30.567	20 %	35.504	21 %
Handelswaren (80 %)	3.000	2 %	4.800	3 %	4.800	3 %
Rohertrag	**388.205**	**70 %**	**342.675**	**69 %**	**379.471**	**70 %**
Personalkosten	180.000	33 %	180.000	36 %	180.000	33 %
Marketing/Werbung	15.500	3 %	7.500	2 %	7.500	1 %
Energie	24.000	4 %	24.000	5 %	24.000	4 %
Versicherungen	3.000	1 %	3.000	1 %	3.000	1 %
Beiträge/Abonnements	2.000	0 %	2.000	0 %	2.000	0 %
Gema/GEZ	1.200	0 %	1.200	0 %	1.200	0 %
Verwaltungskosten/Beratung	18.000	3 %	18.000	4 %	18.000	3 %
Sonstige Betriebskosten	6.000	1 %	6.000	1 %	6.000	1 %
Müll/Entsorgung	4.000	1 %	4.800	1 %	4.800	1 %
Betriebsergebnis I	**133.705**		**104.875**		**141.671**	
Miete/Pacht	48.000	9 %	48.000	10 %	48.000	9 %
Leasing	6.000	1 %	6.000	1 %	6.000	1 %
Reparaturen/ Instandhaltung	6.000	1 %	6.000	1 %	6.000	1 %
AfA und GWG	3.000	1 %	1.800	0 %	1.800	0 %
Zinsen/Tilgung/Geldverkehr	12.000	2 %	12.000	2 %	12.000	2 %
Betriebsergebnis II (vor Steuern)	**58.705**		**31.075**		**67.871**	

Checkliste Transparenz im Zahlenteil

- Private Lebenshaltungskosten errechnet?
- Investitionskosten ermittelt?
- Kostenvoranschläge eingeholt?
- Finanzierungsplan erstellt?
- Personalkostenplan aufgestellt?
- Betriebskosten berechnet?
- Preise kalkuliert?
- Plausible Wirtschaftlichkeitsvorschau ausgearbeitet?
- Betriebliche Kennzahlen berücksichtigt?

Kennzahlen zur Finanzplanung

Ob Ihre Planzahlen tatsächlich realistisch sind und dem Branchendurchschnitt entsprechen, lässt sich durch einen Vergleich mit gastronomie- und betriebstypenspezifischen Kennzahlen ermitteln. Dieser Vergleich mit den Durchschnittswerten strukturähnlicher Betriebe bietet wichtige Anhaltspunkte für Ihre Unternehmensplanung und -steuerung.

Orientierung an aktuellen Betriebsvergleichswerten

Bauen Sie sich ein eigenes Kennzahlensystem auf. Im laufenden Betrieb ist anhand der eingepflegten Zahlen ein Soll-Ist-Vergleich möglich. Dieser kann Fehlentwicklungen aufdecken und zeigt, an welcher Stelle Handlungsbedarf besteht, z. B. ob die Personalkosten stimmen oder ob der Wareneinsatz zu hoch ist. Aber auch zur Zielsetzung und zur Zielformulierung sind Kennzahlen hilfreich. Zielvorgaben für Mitarbeiter können so klar und unmissverständlich kommuniziert werden.

Innerhalb des Businessplans sind die bedeutendsten Vergleichszahlen der Wareneinsatz für Speisen und Getränke, die Personalkosten und der Umsatz pro Gast. Interessant sind auch Vergleichswerte wie z.B. der prozentuale Anteil der Pacht- und Miethöhe oder der Energiekostenanteil im Verhältnis zum erbringenden Umsatz.

Die folgenden Zahlenwerte sind allgemein gehalten und stellen nur einen groben Anhaltspunkt dar. Um aussagekräftige Vergleichszahlen für Ihren speziellen Gastronomietyp zu erhalten, empfehle ich Ihnen aktuelle Betriebsvergleichswerte heranzuziehen. Ein z.B. von der DEHOGA

Betriebswirtschaftliche Kennzahlen	Gastronomie-Durchschnittswerte	Formel zur Berechnung
Warenkosten Speisen	28–32%	Warenkosten Speisen : Speisenumsatz x 100
Warenkosten Getränke	18–24%	Warenkosten Getränke : Getränkeumsatz x 100
Wareneinsatz Gesamt	30%	Warenkosten Gesamt : Gesamtumsatz x 100
Verhältnis Speisen/Getränke	60/40	Umsatz Speisen : Umsatz Gesamt x 100 Umsatz Getränke : Gesamtumsatz x 100
Personalkosten	30%	Personalkosten : Gesamtumsatz x 100
Energiekosten	4–6%	Energiekosten : Gesamtumsatz x 100
Marketing	1–3%	Marketingkosten : Gesamtumsatz x 100
Versicherungen	1%	Versicherungskosten : Gesamtumsatz x 100
Verwaltungskosten	4%	Verwaltungskosten : Gesamtumsatz x 100
Sonstige Betriebskosten	5%	Sonstige Betriebskosten : Gesamtumsatz x 100
Instandhaltung	1%	Instandhaltungskosten : Gesamtumsatz x 100
AfA/ GWG	1%	Kosten AfA/GWG : Gesamtumsatz x 100
Miete/ Pacht	8–12%	Mietkosten : Gesamtumsatz x 100
Leasing	1%	Leasingkosten : Gesamtumsatz x 100
Kapitaldienst	1–2%	Kosten Kapitaldienst : Gesamtumsatz x 100
Umsatz pro Gast	8–14,50 €	Umsatz : Anzahl Gäste = UpG
Betriebsbedingte Kosten	70%	Betriebsbedingte Kosten Gesamt : Gesamtumsatz x 100
Anlagebedingte Kosten	18–20%	Anlagebedingte Kosten : Gesamtumsatz x 100
Betriebsergebnis II **Gewinn vor Steuern**	8–12%	Betriebsergebnis II : Gesamtumsatz x 100

ausgearbeiteter Betriebsvergleich für die Gastronomie ist im Buchhandel oder im Internet erhältlich. Darin finden Sie aktuelle Informationen über Umsatzstruktur, Betriebsergebnisse, Wareneinsatzquoten, Rohaufschläge, Personalkosten und Kennzahlen zur Produktivität.

Die Schlussbemerkung

Sie haben es geschafft! Beschließen Sie Ihr Werk mit aktuellem Datum und Ihrer Unterschrift. Versichern Sie den wahrheitsgemäßen Inhalt und die nach bestem Wissen und Gewissen ausgearbeiteten Planzahlen.

Für Sie selbst bedeutet die Unterschrift den erfolgreichen Abschluss dieses Projektes. Erlauben Sie sich, stolz auf sich und Ihren Businessplan zu sein. Belohnen Sie sich und gönnen Sie sich etwas.

Der Anhang

Auch für den Anhang gilt: Klar, übersichtlich und in geordneter Reihenfolge. Am besten ordnen Sie die Unterlagen nach der Gliederung des Businessplans.

Beschränken Sie sich auf das Nötigste, um Ihren Sachbearbeiter nicht zu ermüden und ihm trotzdem ein möglichst interessantes, aussagekräftiges Bild von Ihrem Konzept zu bieten.

Sinnvoll sind auf jeden Fall ein Grundriss, Bauzeichnungen, der Umgebungsplan und ein Foto der Inneneinrichtung. Auch ein Auszug aus der Speise- und Getränkekarte sollte beiliegen.

Strukturierung des Anhangs nach der Gliederung

DIE PRÄSENTATION

Ohne Fleiß kein Preis

Gleichgültig wem Sie Ihren Businessplan vorlegen – bei allen Adressaten steht die Plausibilität Ihres Konzeptes und die Sicherheit des wirtschaftlichen Erfolges Ihrer gastronomischen Idee im Vordergrund.

Sie müssen Ihren Businessplan überzeugend präsentieren, um bei der Agentur für Arbeit Fördermittel zu erhalten, um bei Banken oder Sparkassen einen Investitionskredit zu bekommen, um bei Getränkelieferanten oder Brauereien finanzielle Unterstützung einzuholen oder um private Investoren zu überzeugen.

Deswegen ist die gute Vorbereitung einer solchen Präsentation wichtig. Worauf Sie achten müssen, erfahren Sie im Folgenden.

Die Vorbereitung

Wenn Sie alle Unterlagen komplett zusammengetragen haben und Ihr Businessplan gebunden ist, ist das nächste Ziel, Ihr Vorhaben erfolgreich vorzustellen. Hier muss einiges beachtet werden, denn Ihre Gesprächspartner werden vielleicht mit Wohlwollen, sicher aber mit kritischen Augen auf Sie und Ihr Konzept blicken.

Um Sicherheit zu gewinnen, ist es ratsam ein solches Gespräch vorher mindestens einmal zu proben. Vielleicht haben Sie Freunde oder Bekannte, die bereits Erfahrung mit Präsentationen und Gesprächen dieser Art haben. Holen Sie diese zur Hilfe und gehen Sie einen möglichen Gesprächsverlauf am besten mehrmals durch. Überlegen Sie gemeinsam, an welcher Stelle kritische Fragen gestellt werden könnten, und bereiten Sie überzeugende Antworten vor.

Sie können sich natürlich auch professionelle Hilfe in Form eines Beraters holen, der Sie dann zum Gespräch begleitet.

Gehen Sie am Abend vor einem wichtigen Termin noch einmal die einzelnen Schritte durch, von der Begrüßung bis zum Abschluss. Legen Sie sich die Kleidung bereit, die

Sie anziehen wollen. Denken Sie an passende Schuhe. Übertreiben Sie nicht – Sie gehen nicht auf eine Beerdigung oder zu einem Staatsakt!

Sorgen Sie für ausreichend Schlaf und beginnen Sie den Tag in aller Ruhe. Vermeiden Sie Hektik und räumen Sie ausreichend Zeit ein, um rechtzeitig am Ort des Geschehens zu sein. Machen Sie sich klar, was Sie können, und treten Sie selbstbewusst und voller Überzeugung vom Erfolg Ihres Vorhabens auf.

Haben Sie Vertrauen in sich selbst

1 Businessplan

CHECKLISTE

- Businessplan Korrektur gelesen
- Zahlenteil überprüft
- Inhalte klar und sauber strukturiert
- Optisch ansprechend gestaltet
- Gutes Handling berücksichtigt
- Besonderheiten des Konzeptes hervorgehoben
- Feedback von Freunden und Bekannten eingeholt

2 Präsentation

CHECKLISTE

- Ist mein Konzept komplett?
- Was muss ich noch bis zum Termin erledigen?
- Welche Unterlagen muss ich mitnehmen?
- Habe ich alle Pluspunkte meines Konzepts im Kopf?
- Was ist das Hauptziel der Präsentation?
- Wo liegen mögliche Schwachpunkte des Projekts?
- Bin ich auf kritische Fragen vorbereitet?
- Wer und wie viele Personen nehmen an der Besprechung teil?
- Kenne ich die Namen?
- Wer ist besonders wichtig für die Entscheidung?

Ein paar wichtige Tipps

Die Präsentation ist ein wichtiger Geschäftstermin – vielleicht einer der wichtigsten in Ihrem Leben. Deswegen müssen Sie Ihren Gesprächspartnern die notwendige Aufmerksamkeit zukommen lassen.

Schalten Sie Ihr Handy ab!

Unterbrechungen durch lästiges Handyklingeln dürfen einfach nicht sein. Machen Sie potentiellen Anrufern vor her klar, dass Sie für ein bis zwei Stunden wirklich nicht zu erreichen sind. Widmen Sie Ihre ganze Aufmerksamkeit Ihrem Gegenüber.

Seien Sie pünktlich!

Wenn Sie zu spät kommen, zeigen Sie, dass Sie den Termin nicht ernst nehmen. Was potenzielle Geschäftspartner davon halten, können Sie sich selbst denken! Fahren Sie rechtzeitig los und planen Parkplatzsuche und Verkehr ein. Lieber eine halbe Stunde zu früh da sein als zehn Minuten zu spät! Sollte trotzdem ein nicht planbarer Zwischenfall (z. B. Vollsperrung der Autobahn) dafür sorgen, dass Sie den Termin nicht pünktlich wahrnehmen können, rufen Sie Ihre Gesprächspartner so bald wie möglich an und informieren Sie sie über die voraussichtliche Verspätung.

Kommen Sie mit einem fertigen Vortrag!

Überzeugen Sie durch einen durchdachten Vertrag

Planloses Vorgehen zeugt kaum von Unternehmerqualitäten. Eben diese sind aber ausschlaggebend für die Bewilligung eines Kredites. Also: Reihenfolge der wichtigen Punkte festlegen und den Vortag bis ins einzelne Detail planen.

Bringen Sie ausreichend Zeit mit!

Fragen Sie am besten schon bei der Terminabsprache nach der voraussichtlichen Gesprächsdauer. Kalkulieren Sie vorsichtshalber eine zusätzliche Stunde ein. Dann können Sie auch ausreichend Zeit in Ihrem Tagesplan dafür schaffen.

Überzeugend präsentieren

Beim Gespräch mit Geldgebern wie Banken oder Brauereien müssen Sie die Kernpunkte Ihres Businessplans vorstellen. Die Inhalte müssen im Gespräch überzeugend dargestellt werden. Stellen Sie deswegen Aussagen zu Ihrem Alleinstellungsmerkmal, zum Marketing oder zur Finanzplanung in den Vordergrund Ihrer Präsentation.

Treten Sie authentisch auf. Sprache, Auftreten und auch Kleidung sollten zu Ihnen und dem Geschäftskonzept passen. Bezüglich der Kleidung ist entscheidend, dass Sie sich darin wohl und sicher fühlen. Lassen Sie den Sonntagsanzug im Schrank hängen, wenn er Sie einengt. Bei Frauen könnte das kleine Schwarze etwas übertrieben wirken. Zeigen Sie sich einfach als ein zum Konzept passender Gastronom. Eventuell können Sie den Businessplan bereits in der zukünftigen Firmen-Bekleidung präsentieren – bei Brauereien zum Beispiel könnte das ganz gut ankommen.

Benutzen Sie für Ihren Vortrag nur Darstellungsmedien, die Ihnen vertraut sind. So kann ein Vortrag mit Power-Point und Beamer unvorteilhaft sein, wenn Sie mit der Technik nicht umgehen können. Da sind eine Flipchart, eine Tafel oder einfach Kopien für alle Gesprächsteilnehmer, auf die Sie dann an den entsprechenden Stellen verweisen können, besser.

Sicheres Auftreten vermittelt Kompetenz

Erfragen Sie bei der Terminabsprache die Anzahl der Gesprächsteilnehmer, damit Sie genügend Unterlagen dabei haben. Ein oder zwei Exemplare als Reserve schaden sicher nicht.

Proben Sie Ihren großen Auftritt im Familienkreis, mit dem Lebenspartner oder vor guten Freunden. Denken Sie daran, dass sich in der Art und Weise Ihres Auftretens Ihr Verkaufs- und Verhandlungsgeschick widerspiegelt. Und das müssen Sie im Gastgewerbe schließlich täglich bei Gästen und Lieferanten unter Beweis stellen.

Deswegen müssen Sie eine Auswahl der wichtigsten Inhalte, Daten und Fakten aus Ihrem Businessplan festlegen, die Sie präsentieren wollen. Über diese Punkte sollten Sie frei sprechen können. Achten Sie auf die Zeit, die Sie brauchen – länger als 20 Minuten sollte Ihr Vortrag nicht dauern!

Außerdem sollten Sie bei Nachfragen ohne langes und nervöses Blättern im Businessplan finden können, was Sie an Angaben für die Antwort brauchen.

DAS BANKGESPRÄCH

Schwierige Branche

»Wer nichts wird, wird Wirt« – diese Einschätzung hängt der Gastronomie leider in Bankenkreisen immer noch an. Aber auch die aktuelle Zahlenlage (Konkurse und Kreditausfälle bei Neugründungen) sorgt dafür, dass Banker bei einem Kreditantrag aus dem Gastronomiebereich besonders genau hinsehen. Dazu kommen die strengeren Vergaberegeln nach Basel II, die Finanzkrise, Bankpleiten und die schlechte Wirtschaftslage als allgemeine Risikofaktoren. All das macht es zwar keiner Branche leicht, Kredite von Banken oder Sparkassen zu bekommen, gehen Sie jedoch davon aus, dass Sie als Gastronom mit Ihrem Konzept besonders kritisch beäugt werden und Ihr Vorhaben als besonders riskant eingeschätzt wird.

Kreditvoraussetzung: 20 % bis 30 % Eigenkapital

Ein Eigenkapital von 20 bis 30 Prozent der gesamten Investitionssumme plus zusätzliche Sicherheiten werden in der Regel als Minimum für eine Kreditzusage von der Bank vorausgesetzt werden. Haben Sie das nicht vorzuweisen, können Sie sich im Prinzip gleich nach anderen Finanzierungsmöglichkeiten umsehen.

Überzeugungsarbeit leisten

Bereits bei der telefonischen Terminvereinbarung wird der Kundenberater Ihrer Bank oder Sparkasse Ihren Businessplan einfordern. Diesen benötigt er, um sich auf das Gespräch vorzubereiten, damit er bereits beim ersten Termin über Stärken und Schwächen oder über konkrete Finanzierungsvorschläge sprechen kann.

Aus Sicht des Kreditberaters ist entscheidend, ob Ihr Businessplan schlüssig ist. Neben dem Finanzierungsbedarf interessieren ihn vor allem die Besonderheiten Ihres Konzeptes, die ein erfolgreiches Bestehen auf dem Markt positiv beeinflussen. Und schließlich will sich der Kundenberater anhand des Lebenslaufs ein Bild von Ihren Qualifikationen machen.

Im Gespräch selbst werden dann vor allem die wirtschaftlichen Erfolgsaussichten und Ihre persönliche Finanzlage thematisiert. Stellen Sie sich auf diesbezügliche Fragen ein.

Informieren Sie sich über mögliche Fördermittel

Spätestens an diesem Punkt müssen Sie Ihren Kundenberater von Ihren unternehmerischen Fähigkeiten und Ihrem Konzept überzeugen. Machen Sie sich am besten schon vor dem Gespräch selbst Gedanken über mögliche Finanzierungslösungen.

Fragen Sie auch nach öffentlichen Fördermöglichkeiten und lassen Sie sich diesbezüglich beraten. Von Vorteil ist, wenn Sie die in Frage kommenden Programme bereits benennen können. Rät Ihnen Ihre Bank von der Beantragung von Fördermitteln ab, bleiben Sie trotzdem hartnäckig. Die Ursache hierfür ist häufig, dass die Bank an einem reinen Hausbankkredit mehr verdient.

Führen Sie ein Gespräch trotz möglicher Schwierigkeiten immer auf Augenhöhe und sehen Sie Ihren Gesprächsteilnehmer als Partner an. Schließlich legen Sie beim Gespräch mit Ihrer Bank das Fundament für eine Ihrer wichtigsten Geschäftsbeziehungen. Dies ist auch der Grund für die Notwendigkeit einer intensiven Auseinandersetzung mit allen Aspekten Ihres Businessplans vor dem Gespräch.

Sollte ein Berater am Bankgespräch teilnehmen, der bereits unterstützend bei der Erstellung des Businessplans mitgewirkt hat, spielen trotz allem Sie die Hauptrolle und führen das Gespräch. Kein Banker wird glauben, dass Sie Ihre Planungen umsetzen können, wenn Sie nicht einmal in der Lage sind, ihm diese selbstständig zu erklären.

Ob Sie letztlich einen Kredit erhalten, hängt neben den Erfolgsaussichten Ihres Vorhabens von Ihrer allgemeinen Kreditwürdigkeit ab und wie Ihre Fähigkeit eingeschätzt wird, einen gewährten Kredit zurückzuzahlen. Um dies beurteilen zu können, überprüft Ihre Bank Ihre bisherige Kontoführung, Ihre privaten Vermögensverhältnisse und holt eine Schufa-Auskunft ein.

Klären Sie Ihre Finanzierung vor allem rechtzeitig, denn für eine Kreditentscheidung benötigt Ihre Bank je nach Kredithöhe von wenigen Tagen bis zu mehreren Wochen.

Wird Ihr Kreditantrag abgelehnt, sollten Sie in jedem Fall nach den Gründen fragen. Nur wenn Sie wissen, woran das Bankgespräch gescheitert ist, können Sie eventuell nachbessern und es eventuell bei einem anderen Kreditinstitut versuchen.

Häufige Ablehnungsgründe für einen Kredit

Gerade für Gastronomen ist in vielen Fällen ein Fehlen von betriebswirtschaftlichem Know-how ein Ablehnungsgrund. Wenn Sie zum Beispiel bei Ihrer Preisfindung keine plausible Preiskalkulation nachweisen können oder Ihre betriebswirtschaftlichen Planungsrechnungen nicht nachvollziehbar sind, lehnen Bankmitarbeiter Finanzierungsanträge auf Grund von mangelnden kaufmännischen Unternehmerfähigkeiten ab.

Häufig sind auch falsche Einschätzungen in Bezug auf die Höhe der Startinvestitionen und die laufenden Kosten Grund für eine Ablehnung. Oft werden die Kosten viel zu niedrig veranschlagt. Der zu erwartende Umsatz hingegen wird häufig unrealistisch hoch geschätzt.

In vielen Fällen führt auch, wie schon angesprochen, eine unzureichende Eigenkapitaldecke in einem frühen Stadium der Gespräche zu einem Aus für die Gastronomieträume.

Oft liegen Gründe für ein Scheitern der Kreditverhandlungen in einem unzureichenden und nur oberflächlich ausgearbeiteten Konzept. Ausreichende Plausibilität und gute Erfolgsaussichten Ihres Konzeptes sind Grundvoraussetzungen für einen Kredit!

Bei Quereinsteigern kann es zudem vorkommen, dass unzureichende Fach- und Branchenkenntnisse als Begründung für die Ablehnung des Finanzierungsbegehrens angeführt werden.

Scheitern durch unrealistische Einschätzung der Kosten

CHECKLISTE

Checkliste Bankgespräch
- Hervorzuhebende Inhalte festgelegt
- Gesprächsziel definiert
- Fragenkatalog erstellt
- Über Fördermöglichkeiten informiert
- Bankinformationen eingeholt
- Unterlagen auf Vollständigkeit überprüft

FÖRDERMITTEL UND ZUSCHÜSSE

Förderprogramme des Bundes und der Länder

Der Bund bietet aus Mitteln des ERP-Sondervermögens für Existenzgründer sowie für kleine und mittlere Unternehmen verschiedene Förderprogramme an. Auch die Bundesländer und die Europäische Union helfen mit finanziellen Mitteln beim Start in die unternehmerische Selbstständigkeit. Es gibt so viele verschiedene Programme mit unterschiedlicher Zielrichtung, dass man darüber ein eigenes Buch schreiben müsste. Wenn Sie sich für diese Art der Finanzierung interessieren, müssen Sie sich zunächst selbst informieren. Später kann Ihnen ein spezieller Förderberater weiterhelfen, die Anträge zu stellen. Die Informationen dazu finden Sie auch auf den unten genannten Webseiten.

Gehen Sie auf jeden Fall keine finanziellen Bindungen ein, bevor Sie sich bei kompetenten Institutionen (Dehoga, IHK) über alle Möglichkeiten der Förderung informiert haben. Fördermittel müssen nämlich weit vor dem Beginn Ihres Vorhabens beantragt werden. Im Nachhinein werden keine Fördermittel mehr bewilligt.

Nehmen Sie sich Zeit, um Ihre Möglichkeiten zur Inanspruchnahme solcher Fördermittel zu überprüfen. Dabei hilft Ihnen zunächst ein Blick ins Internet.

Schaffen Sie sich einen Überblick über mögliche Fördermittel

Informationsquellen über öffentliche Förderprogramme

Förderdatenbank, www.foerderdatenbank.de
Industrie- und Handelskammer, www.dihk.de
Arbeitsagenturen, www.arbeitsagentur.de
KfW Mittelstandsbank, www.kfw-mittelstandsbank.de
Bundesministerium für Wirtschaft, www.bmwi.de
Wirtschaftsministerien der Bundesländer
Kommunale Wirtschaftsförderung
Kreditinstitute

WICHTIG

Existenzgründungsdarlehen

Existenzgründungsdarlehen sind Förderprogramme des Bundes und werden meist durch die KfW Mittelstandsbank angeboten. Den Antrag müssen Sie immer bei Ihrer Hausbank stellen. Diese wird Ihnen, sofern Sie sie mit Konzept und Businessplan überzeugen konnten, bei der Antragstellung helfen und die Unterlagen an die KfW weiterleiten. Haben Sie dabei aber stets im Kopf, dass Ihre Hausbank in erster Linie eigene Interessen verfolgen wird und Ihnen lieber die eigene Finanzierung verkaufen will.

Voraussetzung für eine Förderung

Eine Förderung durch öffentliche Stellen – insbesondere bei Existenzgründern – setzt voraus, dass die Antragstellerin bzw. der Antragsteller eine ausreichende fachliche und kaufmännische Qualifikation nachweisen kann. Darüber hinaus wird in der Regel erwartet, dass die Existenzgründung in eine tragfähige »Vollexistenz« als Haupterwerbsgrundlage übergeht. Geprüft werden zunächst Ihre fachlichen und kaufmännischen Qualifikationen und Ihr Businessplan mit der dazugehörigen Finanzplanung.

Coaching- und Beratungszuschüsse

Nutzen Sie die Zuschüsse der Bundesländer für Beratung

Die Möglichkeit, das Konzept durch einen Außenstehenden noch einmal prüfen zu lassen, um eventuelle Schwachstellen aufzudecken, sollten Sie nicht ungenutzt lassen. Vor allem, weil diese Beratungsleistungen von den Bundesländern bezuschusst werden.

Nehmen Sie das Angebot an und ziehen Sie einen Fachmann zu Rate, dessen Rat sich mit ziemlicher Sicherheit in barer Münze bezahlt machen wird.

Gefördert werden Coachingmaßnahmen zu allen betriebswirtschaftlichen, finanziellen und organisatorischen Fragen der Unternehmensführung. Die Förderhöhe kann sich je nach Bundesland auf bis zu 75 Prozent der in Rechnung gestellten Kosten belaufen.

Informieren Sie sich über die verschiedenen Möglichkeiten bei Ihrer regionalen IHK oder verschaffen Sie sich einen ersten Überblick im Internet unter www.kfw-mittelstandsbank.de oder unter www.bmwi.de.

Zudem gibt es die Möglichkeit, aus dem Europäischen Sozialfonds Geld für den Besuch von speziellen Workshops und eine Existenzgründungsberatung zu bekommen. Informationen dazu gibt es unter www.bafa.de. Sie können dann den Antrag auf Bezuschussung online stellen: www.beratungsfoerderung.net.

Gründungszuschuss und Einstiegsgeld

Seit einigen Jahren unterstützt die Bundesregierung den Weg Beschäftigungsloser in die Selbständigkeit. Für diese gibt es die Möglichkeit, Hilfe zum Lebensunterhalt während der Gründungsphase zu beantragen.

Der Gründungszuschuss der Bundesagentur für Arbeit steht ausschließlich Empfängern von Arbeitslosengeld 1 zur Verfügung. Empfänger von Arbeitslosengeld 2 können ein Einstiegsgeld beantragen. Formulare und Auskünfte erteilt die zuständige Agentur für Arbeit.

Für erste Informationen hilft auch das Internet weiter: www.arbeitsagentur.de/nn_26400/Navigation/zentral/Buerger/Hilfen/Existenzgruendung/Existenzgruendung-Nav.html

GENEHMIGUNGEN, BEHÖRDEN UND VERSICHERUNGEN

Konzession beantragen

Das Gastgewerbe ist ein erlaubnispflichtiges Gewerbe. Das bedeutet die Notwendigkeit einer behördlichen Genehmigung, einer Konzession, zur Gewerbeanmeldung. Diese beantragen Sie bei dem vor Ort zuständigen Amt. Je nach Bundesland und Gemeinde wird der Antrag auf eine Betriebserlaubnis entweder beim Bürgermeisteramt, Ordnungsamt, Landratsamt oder beim Amt für öffentliche Ordnung gestellt. Dort liegen meist Merkblätter aus, aus denen genau hervorgeht, welche Unterlagen Sie im Einzelnen benötigen.

CHECKLISTE **Checkliste Konzessionsantrag**
- Gewerbeanmeldung
- Gaststättenerlaubnisantrag
- Bauzeichnungen mit Flächenangaben
- Lagepläne
- Betriebsbeschreibung
- Pachtvertrag
- Unterrichtsbescheinigung nach § 4 Gaststättengesetz
- Amtliches Führungszeugnis
- Unbedenklichkeitsbescheinigung vom Finanzamt
- Auszug aus dem Insolvenzregister und Schuldnerverzeichnis
- Auszug aus dem Gewerbezentralregister
- Belehrung nach dem Infektionsschutzgesetz
- Gesellschaftsvertrag
- Handelsregisterauszug

Sollten Sie über keine abgeschlossene gastgewerbliche Ausbildung verfügen, müssen Sie Ihre fachliche Eignung durch eine Teilnahme an einer Unterrichtung nach §4 Gaststättengesetz belegen. Dies ist eine mehrstündige Veranstaltung mit Vorträgen, die von der Industrie- und

Handelskammer meist in monatlich wiederkehrendem Rhythmus angeboten wird. Für Unterrichtung und Unterlagen muss eine regional unterschiedlich hohe Gebühr entrichtet werden. Nähere Informationen erhalten Sie unter www.ihk24.de bei der für Sie zuständigen Kammer.

Betriebsbeschreibung Restaurant

Name des Betriebes: Restaurant „Am Markt"
Anschrift: Am Marktplatz 1
09999 Traumstadt
Inhaber: Carlo Klug

Beschreibung
Das Restaurant »Am Markt« bietet seinen Gästen regionale Küche mit Produkten aus biologischem Anbau. Es ist im mittleren Preissegment angesiedelt und setzt auf ein qualitativ hochwertiges Angebot mit frischen und hausgemachten Gerichten und ausgesuchten Getränken.
Das Restaurant verfügt über 60 Sitzplätze im Innenraum und einen Biergarten mit 80 Sitzplätzen. Nach einer Komplettsanierung und dem Umbau wird das alteingesessene Lokal unter neuer Leitung wiedereröffnet. Vermieter ist die Hans Schlau Vermögensgesellschaft Traumstadt.

Angebotspalette
▶ Frühstück
▶ Mittagstisch
▶ Salate
▶ Süßspeisen
▶ hausgemachte Kuchen
▶ Kaffee
▶ Alkoholfreie Kaltgetränke, Säfte, Wasser etc.
▶ Biere vom Fass
▶ Spirituosen

Öffnungszeiten
Täglich von 8:00 Uhr bis 1:00 Uhr

Anmeldungen und sonstige Erledigungen

- Anmeldung des Betriebes bei der Berufsgenossenschaft
- Anmeldung der Beschäftigten bei der Krankenkasse
- Anmeldung der Auszubildenden bei der IHK
- Anmeldung bei der GEMA (wenn Musik im Lokal abgespielt wird)
- Anmeldung bei der GEZ
- Anmeldung des Betriebes bei Energieversorgungsunternehmen
- Um-/Anmeldung Telefon/Internet
- Einrichtung Bankkonto

Beziehen Sie die örtlichen Behörden mit ein

Kontakt zu den örtlichen Behörden

Im Zuge einer Neueröffnung sind oft umfangreiche Umbaumaßnahmen geplant. Vorsorglich ist es ratsam, die örtlichen Baubehörden von Anfang an in die Planung einzubeziehen, um spätere oft teure Nachbesserungen zu vermeiden. Hierzu reicht meist ein telefonischer Erstkontakt aus, um die Sachlage zu erläutern und um gegebenenfalls einen Termin mit dem zuständigen Sachbearbeiter zu vereinbaren.

Sie werden aber im Zuge der Anmeldungs- und Genehmigungsprozesse mit einer ganzen Reihe anderer Behörden in Kontakt treten.

Behördenkontakte herstellen

- Stadtverwaltung
- Bauamt
- Landratsamt
- Ordnungsamt
- Veterinäramt
- Finanzamt
- Agentur für Arbeit

Notwendige Versicherungen

Die richtigen Versicherungen sind notwendig und wichtig. Ohne geeignete Haftpflicht- und Sachversicherungen steigt Ihr persönliches Risiko als Eigentümer oder Geschäftsführer ins Unermessliche. Also: Informieren Sie sich auch hier rechtzeitig über die notwendigen Versicherungen und die damit verbundenen Kosten.

Für optimalen Versicherungsschutz sorgen

Die Versicherungsbeiträge sind von den einzelnen Versicherungsgesellschaften abhängig. Vergleichsangebote bei mehreren Anbietern einzuholen ist empfehlenswert. Ein Versicherungsmakler kann dabei helfen, Ihnen Arbeit abzunehmen. Natürlich ist dies auch mit Kosten verbunden, lohnt sich aber in der Regel.

Bewerten Sie nicht nur die Beitragshöhe der vom Makler angebotenen Versicherungen, sondern auch Servicekriterien wie Erreichbarkeit, Schnelligkeit bei der Schadensabwicklung und Beratungskompetenz des Versicherungsmaklers. Dieser sollte auf Gastronomiebetriebe spezialisiert sein. Informieren Sie sich in Fachkreisen über empfehlenswerte Makler.

Versicherungen

CHECKLISTE

- Betriebshaftpflichtversicherung gegen Schäden an
  - Personen und Sachen
  - Vermögen
  - Umwelt
  - Mietsache
- Sachinhaltsversicherungen gegen Schäden durch
  - Feuer
  - Einbruchdiebstahl/Vandalismus
  - Leitungswasser
  - Elementargewalten (Sturm/Hagel/Überschwemmung/ Erdbeben)
- Glaspauschalversicherung gegen Schäden an
  - Innen- und Außenscheiben
  - Reklame- und Leuchtröhren
- Betriebsunterbrechungsversicherung für
  - entgangenen Geschäftsgewinn
  - fortlaufende Kosten
  - Gehälter und Löhne

DIE GESELLSCHAFTSFORM

Was bedeutet GbR, GmbH oder UG?

In diesem Kapitel möchte ich Ihnen die gebräuchlichsten Gesellschaftsformen in der Gastronomie vorstellen. Ob Sie sich für ein Einzelunternehmen, eine Personengesellschaft in Form einer Gesellschaft bürgerlichen Rechts (GbR) oder aber für eine Kapitalgesellschaft in Form einer GmbH entscheiden, bedarf einer sorgfältigen Abwägung. Jede Gesellschaftsform hat Vor- und Nachteile.

Unabhängigkeit von Partnern, Entscheidungsfreiheit, Haftungsrisiko und Kapitaleinlagen sind nur einige Kriterien, die Sie bei Ihrer Entscheidung berücksichtigen müssen. Eine professionelle Beratung, z. B. durch einen Fachberater der IHK, ist oft der beste Weg, die richtige Unternehmensform für Ihr Gastronomieprojekt zu finden.

Das Einzelunternehmen

Als Einzelunternehmen gilt jede selbstständig ausgeübte Tätigkeit einer einzelnen, natürlichen Person.

Der Vorteil dieser Gesellschaftsform liegt darin begründet, dass kein Mindestkapital notwendig ist und so ohne großen finanziellen Aufwand gegründet werden kann.

Als Einzelunternehmer haftet man allerdings unbeschränkt für Betriebsschulden und andere Risiken mit dem Privatvermögen.

Die Gesellschaft bürgerlichen Rechts (GbR)

Die Gesellschaft bürgerlichen Rechts, kurz GbR oder auch BGB-Gesellschaft genannt, ist ein Zusammenschluss von zwei oder mehr Partnern. Ein Mindestkapital ist nicht vorgeschrieben. Wenn Sie sich zum Zwecke der Unternehmensgründung mit Partnern zusammenschließen und keine weiteren Verabredungen bezüglich der Unternehmensform treffen, bilden Sie automatisch eine Gesellschaft bürgerlichen Rechts.

Diese Gesellschaftsform ist die am wenigsten geregelte Form einer Geschäftspartnerschaft. Sie zählt, wie die Einzelgesellschaft, ebenfalls zu den Personengesellschaften. Alle Gesellschafter haften daher mit ihrem gesamten Privatvermögen für alle Geschäftsvorgänge und Tätigkeiten des Unternehmens.

Alle Gesellschafter haften mit ihrem Privatvermögen

Zwischen den einzelnen Partnern sollte ein Gesellschaftervertrag geschlossen werden, der das Innenverhältnis regelt. In diesem können dann Vereinbarungen über Zuständigkeiten, Verantwortlichkeiten und Sonderregelungen getroffen werden. Empfehlenswert ist das Verfassen eines schriftlichen Vertrags mit Hilfe eines Rechtsanwaltes oder Notars.

Darin legen Sie beispielsweise fest, welche Entscheidungen gemeinschaftlich getroffen werden müssen und welche von jedem Gesellschafter alleinverantwortlich getätigt werden können. Darin kann auch die Höhe der monatlichen Privatentnahmen fixiert werden.

Vermeiden Sie spätere Streitigkeiten, indem Sie klare Vereinbarungen schließen und diese im Gesellschaftervertrag ausführlich schriftlich niederlegen.

Eine Gesellschaft bürgerlichen Rechts wird nicht im Handelsregister eingetragen. Jeder Gesellschafter muss sich einzeln als Gewerbetreibender beim Gewerbeamt anmelden.

Der Name des Unternehmens muss immer die Vor- und Familiennamen der Gesellschafter enthalten. Darüber hinaus kann er auch mit Branchen-, Sach- oder Fantasienamen ergänzt werden.

Beispiele für GbR-Namen

- ▶ Florian Koch und Mia Freundlich, Gaststättenbetriebs GbR
- ▶ Cindy Kreativ, Siegbert Sieger, Nora Schön, Restaurant GbR
- ▶ Klaus Scharf und Dieter Wurst, Imbiss Betriebs GbR
- ▶ Lisa Fröhlich und Anne Nett, Partyservice und Event GbR

Die Geschäftsführung liegt gemeinschaftlich in den Händen aller Gesellschafter und bezieht sich auf alle unternehmerischen Tätigkeiten wie Buchführung, Controlling,

Schriftverkehr und auf den Abschluss von Verträgen mit Dritten.

Um Rechtsgeschäfte mit Dritten abzuschließen, müssen alle Gesellschafter dem Abschluss auch zustimmen, es sei denn im Gesellschaftervertrag wurden Sonderregelungen getroffen. Für im Namen der Gesellschaft abgeschlossene Verträge und die daraus resultierenden Verbindlichkeiten haften die Gesellschafter, wie schon gesagt, unbeschränkt mit dem Gesellschafts- und Privatvermögen. Wurden keine besonderen Vertragsregelungen getroffen, haften alle Gesellschafter zu gleichen Teilen.

Ein Gastronomiebetrieb als GbR muss Gewerbesteuer entrichten, die sich je nach Betriebsart unterschiedlich gestaltet. Alle Gesellschafter sind darüber hinaus einkommensteuerpflichtig. Die Höhe der Einkommensteuer orientiert sich am Gesamthaushaltseinkommen jedes Gesellschafters, zu dem auch etwaige Gewinne zählen.

Die persönliche Haftung der Gesellschafter ist auf die Geschäftsanteile beschränkt

Die Gesellschaft mit beschränkter Haftung (GmbH)

Seit vielen Jahren ist die Gesellschaft mit beschränkter Haftung, kurz GmbH genannt, bundesweit die mit Abstand beliebteste Rechtsform, in der ein Einzelunternehmer oder zwei bzw. mehrere Partner gemeinsam unternehmerisch tätig werden. Durch die Gründung einer GmbH wird eine juristische Person mit eigenen Rechten und Pflichten und einem eigenen Namen geschaffen. Die Rechte und Pflichten der GmbH sind losgelöst von denen der Gesellschafter.

Der Vorteil einer GmbH-Gründung ist unter anderem darin zu sehen, dass die persönliche Haftung der Gesellschafter auf die Geschäftsanteile beschränkt ist. Der Nachteil liegt im hohen Gründungsaufwand und im Kapitalbedarf.

Gesellschafter können neben natürlichen Personen auch Gesellschaften sein. Der Gesellschaftsvertrag muss notariell beurkundet werden. Jede GmbH muss einen oder mehrere Geschäftsführer haben, denn ohne Geschäftsführer ist die Gesellschaft nicht handlungsfähig. Die Geschäftsführer werden durch die Gesellschafter bestimmt, übernehmen die Geschäftsführung und vertreten die Gesellschaft im Innen- und Außenverhältnis. Gesellschafter selbst können die GmbH nur dann vertreten, wenn sie zugleich Geschäftsführer sind.

Das Stammkapital der GmbH muss mindestens 25 000 Euro betragen. Ist bei der klassischen GmbH eine Bareinlage vereinbart, muss vor Anmeldung zum Handelsregister mindestens ein Viertel der Summe einbezahlt werden. Zusammen mit einer etwaigen Sacheinlage muss mindestens die Hälfte des Mindeststammkapitals vor der Anmeldung der Gesellschaft erbracht werden, also mindestens 12 500 Euro.

Das Haftungsrisiko ist grundsätzlich auf das Vermögen der GmbH beschränkt, es sei denn Gesellschafter haben Verbindlichkeiten der Gesellschaft persönlich abgesichert, zum Beispiel durch Bürgschaften oder Schuldbeitritt. Sie können aber in die persönliche Haftung geraten, wenn sie gegen das GmbH-Recht verstoßen, insbesondere wenn sie sich zu Lasten der GmbH bereichern, so zum Beispiel bei der Entnahme des Haftungskapitals oder wenn bei Zahlungsunfähigkeit kein Insolvenzantrag gestellt wird und kein Geschäftsführer vorhanden ist.

Bei drohender Insolvenz sind die Geschäftsführer verpflichtet, innerhalb von drei Wochen einen Insolvenzantrag zu stellen. Bei einer Insolvenz der GmbH haften die Gesellschafter nur mit dem eingebrachten Gesellschaftskapital und nicht mit ihrem Privatvermögen. Soweit sie ihre Einlage noch nicht erbracht haben, beschränkt sich ihre Haftung im Insolvenzfall auf den noch ausstehenden Betrag der noch zu erbringenden Einlage.

Vor der Eintragung in das Handelsregister besteht die GmbH als solche nicht. Also Vorsicht! Wer vor der Eintragung im Namen der Gesellschaft handelt und zum Beispiel Miet- oder Kaufverträge abschließt, haftet für die Erfüllung der Verträge grundsätzlich persönlich.

Keine Handlung ohne Handelsregistereintrag

Bei der Namensgebung der GmbH ist es ratsam durch die Inanspruchnahme von Auskunfteien die Marken- und Namensrechte überprüfen zu lassen. So können Sie namensrechtliche Einwände und das Risiko einer späteren Namensänderung vermindern, jedoch nie ganz ausschließen.

Zugelassen sind Personenfirma, Sachfirma und Fantasie-
firma. Die Personenfirma muss den Familiennamen wenigstens eines Gesellschafters oder die Firma einer als Ge-
sellschafterin beteiligten Handelsgesellschaft enthalten.

Die Sachfirma muss den Gegenstand des Unternehmens
erkennbar machen und darüber hinaus einen individuellen Zusatz haben, der sie aus der Menge der Gesellschaften mit gleichartigem Unternehmensgegenstand
heraushebt. Die Sachfirma darf also nicht nur »Gaststätten GmbH« lauten, sondern zum Beispiel »AMANDIS
Gaststätten GmbH«. Eine Kombination aus Namen und
Sachbezeichnung, wie zum Beispiel »Meier Gaststätten
GmbH«, ist ebenfalls zulässig.

Auf Geschäftsbriefen sind der vollständige Firmenname,
die Rechtsform und der Sitz der GmbH, das Registerge-
richt und die Nummer der Handelsregistereintragung,
sowie die Vor- und Zunamen aller Geschäftsführer anzu-
geben.

Für die Anmeldung der GmbH zum Handelsregister müssen folgende Unterlagen vorgelegt werden:

► der Gesellschaftsvertrag;

► die Legitimation der Geschäftsführer, sofern diese
nicht bereits im Gesellschaftsvertrag genannt sind;

► eine unterschriebene Liste der Gesellschafter mit
Namen, Vornamen, Geburtsdatum und Wohnort der
Gesellschafter sowie den Nennbeträgen und den laufenden Nummern der von jedem Gesellschafter übernommenen Geschäftsanteile;

► bei geleisteten Sacheinlagen die Verträge, die den
Festsetzungen zugrunde liegen oder zu ihrer Ausfüh-
rung geschlossen worden sind, und der Sachgrün-
dungsbericht sowie Unterlagen darüber, dass der Wert
der Sacheinlagen den Betrag der dafür übernommenen
Stammeinlagen erreicht.

GmbH-Variante Unternehmergesellschaft (UG)

Durch die am 1. November 2008 in Kraft getretene Mo-
dernisierung des GmbH-Rechts ist es möglich, mit einem
Stammkapital ab einem Euro eine Unternehmergesell-

schaft zu gründen. Das Ziel der GmbH-Novelle war eine Erleichterung von Unternehmensgründungen mit geringem Stammkapital und die Aufhebung des Wettbewerbsnachteils gegenüber ausländischen Rechtsformen wie zum Beispiel der englischen Limited.

Eine Unternehmergesellschaft (UG) haftungsbeschränkt ist keine eigene Rechtsform, sondern nur eine Variante der GmbH. So bekommen insbesondere Existenzgründer, die am Anfang über wenig Stammkapital verfügen, auch die Möglichkeit, eine Kapitalgesellschaft zu gründen.

Für Unternehmensgründer mit wenig Stammkapital

Durch die Bezeichnung »UG (haftungsbeschränkt)« grenzt sich die Unternehmensgesellschaft klar von der klassischen GmbH ab. Es ist für alle Geschäftspartner ersichtlich, dass es sich um eine Gesellschaft mit geringem Stammkapital handelt. Interessant ist die Gründung für Gastronomen, die über ein geringes Startkapital verfügen und das Haftungsrisiko einschränken möchten. Zu bedenken ist allerdings, dass aufgrund der dünnen Kapitaldecke Schwierigkeiten bei der Aufnahme von Geldmitteln auftreten können oder aber auch die Kreditwürdigkeit bei Partnern und Lieferanten als gering eingestuft wird.

Zur Gründung kann das Stammkapital variabel zwischen einem Euro und 24 999 Euro gewählt werden. Das Stammkapital muss bar und in voller Höhe vor dem Eintrag ins Handelsregister aufgebracht werden. Im Gegensatz zur klassischen GmbH sind Sacheinlagen ausgeschlossen. 25 Prozent des Gewinns müssen in eine gesetzliche Rücklage fließen, bis ein Stammkapital von 25 000 Euro erreicht ist. Eine zeitliche Begrenzung gibt es dafür aber nicht.

Wenn die Gesellschaft das Stammkapital auf 25 000 Euro erhöht hat, fallen alle Beschränkungen weg, und es steht der Gesellschaft frei, in eine klassische GmbH umzufirmieren.

Zur unkomplizierten Gründung einer GmbH und UG (haftungsbeschränkt) stellt das GmbH-Gesetz Musterprotokolle für Standardgründungen zur Verfügung. Das Musterprotokoll umfasst drei Dokumente: den Gesellschaftsvertrag, die Geschäftsführerbestellung und die Gesellschafterliste. Dadurch werden Gründungen mit bis zu drei Gesellschaftern einfacher, schneller und kostengünstiger.

Bei der UG (haftungsbeschränkt) mit geringem Stammkapital wird die Gründung unter Verwendung des Musterprotokolls in jedem Fall zu einer echten Kosteneinsparung führen, denn der für die Kosten maßgebliche Geschäftswert richtet sich nach der Höhe des konkreten Stammkapitals. Der Mindestgeschäftswert von 25 000 Euro gilt bei Verwendung des Musterprotokolls nicht.

Wird hingegen vom Musterprotokoll abgewichen, gelten die allgemeinen Regelungen für Notargebühren.

Bei der klassischen GmbH bringt die Verwendung des Musterprotokolls keine Kostenersparnis.

Weitere Informationen zum Thema Rechtsfor-men finden Sie im Internetportal des Bundesministeriums für Wirtschaft unter dem Suchbegriff Existenzgründung (www.bmwi.de) oder auf den Internetseiten des Bundesministeriums für Justiz (www.bmj.bund.de).

DIE ERÖFFNUNG

Jetzt geht's los

Sorgen Sie rechtzeitig für Wirbel um Ihren neuen Betrieb. Stehen beispielsweise Baumaßnahmen an, machen Sie eine Baustellenparty und laden Handwerker, Architekten, Lieferanten, Geschäftspartner und die regionale Presse ein. So wird schon vorweg über Sie und Ihr Konzept gesprochen und geschrieben.

Dokumentieren Sie die einzelnen Bauschritte mit Fotos, so haben Sie immer wieder die Möglichkeit mit Stolz auf das vollbrachte Werk zurückzublicken und auch Gästen das Vorher-Nachher im Bild zu zeigen. Sehr nützlich ist solches Bildmaterial auch für Jubiläumsfeiern, z. B. zum fünfjährigen Bestehen.

Knüpfen Sie in der Zeit vor der Eröffnung so viele Kontakte wie möglich in Ihrem Umfeld und wecken Sie die Neugier der Menschen.

Machen Sie rechtzeitig auf sich aufmerksam

Bewährt hat sich auch die Praxis des sogenannten Soft-Openings. Die Vorteile einer Eröffnung wenige Tage vor der offiziellen Eröffnungsparty, liegen auf der Hand: Zum einen haben Sie und Ihre Mitarbeiter noch einmal die Chance, Arbeitsabläufe, Technik, Geräte und Maschinen zu testen und notfalls zu optimieren. Zum anderen haben alle Gelegenheit sich einzuarbeiten und Sicherheit zu gewinnen, bevor der große Ansturm kommt. In dieser Phase werden Ihnen kleine Fehler von den Gästen sicher noch verziehen.

Zur eigentlichen Eröffnung sollte dann alles reibungslos funktionieren, denn Sie wissen ja – der erste Eindruck zählt. Gäste, deren Erwartungen Sie nicht erfüllen, kommunizieren dies schonungslos nach außen und gerade jetzt wird viel über Sie gesprochen. Negatives macht leider schnell die Runde.

Zur offiziellen Eröffnungsfeier gilt es dann die Werbemaßnahmen zu verstärken. Verschicken Sie rechtzeitig Einladungen mit dem Programm und den Besonderheiten, die Sie für diesen Tag bereithalten.

Schreiben Sie Pressemitteilungen, schalten Sie Eröffnungsanzeigen, laden Sie Bürgermeister, Politprominenz und alle bekannten Persönlichkeiten in Ihrem Umfeld, die zu Ihrem Konzept passen, ein. Dies können auch der örtliche Feuerwehrhauptmann oder die Vorstände der umliegenden Vereine sein. Auf die Einladungsliste gehören zudem alle, die an der Planung und Umsetzung des Konzepts beteiligt waren.

Planen Sie rechtzeitig und überlegen Sie sich gut, wer für Sie und Ihren Betrieb als Multiplikator von Bedeutung sein könnte.

CHECKLISTE   **Eröffnungsvorbereitungen**

2–3 Monate vorher:
- Außenwerbung in Auftrag gegeben
- Speisen- und Getränkekarte ausgearbeitet
- Flyer gestaltet
- Anzeigenkonzept festgelegt
- Konzept für Eröffnungsfeier fertig
- Stellenanzeige für Print und Internet entworfen
- Baustellen-, Handwerker-Party organisiert

6–8 Wochen vorher:
- Drucksachen in Auftrag gegeben
- Einladungsliste geschrieben
- Einladungsbriefe entworfen
- Eröffnungsfeier geplant
- Mitarbeitersuche läuft
- Erste Flyer- und Promotionaktion gestartet

2–4 Wochen vorher:
- Zweite Flyer- und Promotionaktion gestartet
- Einladungsbriefe geschrieben und verschickt
- Promotion an belebten Plätzen gestartet
- Plakate aufgehängt
- Werbekooperationen mit Partnern eingegangen

2 Wochen vorher:
- Öffentlichkeitsarbeit gestartet
- Pressemitteilungen verschickt

- ▶ Radiointerviews gegeben
- ▶ Werbespots geschaltet
- ▶ Eröffnungsanzeigen geschaltet

◉ **Einladungen verschickt an:**
- ▶ Pressevertreter
- ▶ baubeteiligte Firmen
- ▶ Behördenvertreter
- ▶ zukünftige Lieferanten
- ▶ Freunde & Familie
- ▶ wichtige Personen aus der Zielgruppe
- ▶ lokale Prominenz
- ▶ Kommunalpolitiker
- ▶ Firmenvertreter aus dem Umfeld
- ▶ Künstler
- ▶ Kollegen und Mitbewerber

◉ **Direkt vor der Eröffnung:**
- ▶ Mitarbeiterbriefing Programmablauf
- ▶ Zuständigkeiten festgelegt
- ▶ Begrüßung (wer, wie, was)
- ▶ Fotograf
- ▶ Begrüßungsrede
- ▶ Rahmenprogramm
- ▶ Platz für Geschenke/Vasen
- ▶ Bewirtung Büfett
- ▶ Getränkeservice/ausreichender Warenbestand/Kühl-möglichkeit
- ▶ Dankeschön für die Gäste

Doch außer den Eröffnungsvorbereitungen gibt es noch unzählige andere Dinge zu erledigen. Viele Anträge sind zu stellen und Anmeldungen auszufüllen. Vielleicht hilft ja die nachfolgende Liste.

»Alles erledigt?«

◉ **Notwendige Genehmigungen:**
- ▶ Konzession
- ▶ Baugenehmigung

- ▶ Außenbewirtschaftung
- ▶ Außenwerbung

○ **Anmeldungen:**
  - ▶ Gewerbeschein
  - ▶ Firmenkonto
  - ▶ Telefon
  - ▶ Internetzugang
  - ▶ GEZ/GEMA
  - ▶ Finanzamt
  - ▶ Energieversorger
  - ▶ Berufsgenossenschaft
  - ▶ Krankenkasse
  - ▶ Sozialversicherungsträger
  - ▶ Betriebsnummer Agentur für Arbeit
  - ▶ Betriebsversicherungen
  - ▶ Wartungsverträge
    (Technik, Lüftung, Maschinen, Geräte)
  - ▶ Entsorgung Fettabscheider
  - ▶ Müllentsorgung
  - ▶ Kreditkartenunternehmen
  - ▶ Restaurantschecks
  - ▶ Eintrag Branchenbuch/Gelbe Seiten
  - ▶ Mitgliedschaften (Verbände, Vereine)

○ **Mitarbeiter:**
  - ▶ Serviceschulung
  - ▶ Regeln für Umgang mit Gästen und Kollegen festgelegt
  - ▶ Produktkenntnisse vermittelt
  - ▶ Produktions- und Service-Abläufe geprobt

○ **Kooperationspartner gesucht:**
  - ▶ Steuerberater
  - ▶ Getränkelieferanten
  - ▶ Warenlieferanten
  - ▶ Florist
  - ▶ Innenausstatter/Architekt
  - ▶ Webdesigner
  - ▶ Reinigungsfirma
  - ▶ Wäschedienst

ANHANG

Informationen zum Thema Existenzgründung

Wer sich auf eine Unternehmensgründung vorbereitet, benötigt eine Menge Informationen und Orientierungshilfe. Im Folgenden sind für Sie Anlaufstellen zusammengetragen worden, die im Rahmen Ihrer Gründung interessant sein könnten.

Notwendige Auskünfte zu Ihrem Standort oder der Marktsituation vor Ort finden Sie im Internet unter Ihrer lokalen Stadt- oder Gemeindehomepage.

Allgemeine Beratung in Sachen Existenzgründung:

► Industrie- und Handelskammern
► Kommunale Wirtschaftsförderung
► Gründerzentren/Gründerinitiativen/ Gründerwettbewerbe
► Wirtschaftsjunioren/Bundesverband Junger Unternehmer
► Senior-Experten-Service/Alt hilft Jung e. V.
► Steuerberater, Wirtschaftsprüfer etc.

Anlaufstellen für Weiterbildung, Existenzgründerseminare:

► Volkshochschulen
► Industrie- und Handelskammern
► Dehoga
► Fachliteratur
► Internet

Detailinformationen zur Branchen- und Marktsituation: Dehoga

► Industrie- und Handelskammern
► Fachverbände
► Fachzeitschriften
► Internet

Informationen über Trends und Zukunftsaussichten:

► Marktstudien, Prognosen der Fachverbände
► Industrie- und Handelskammern
► Fachzeitschriften

Informationen zum Standort:
- ▶ Homepage des Standorts
- ▶ Kommunale Wirtschaftsförderung
- ▶ Lokale Wirtschaftskammern
- ▶ Stadtverwaltung
- ▶ Kreisverwaltung
- ▶ Branchenverzeichnisse: Gelbe Seiten, Internet

Arbeitsmittel

Tabellen für den eigenen Gebrauch finden Sie zum Download unter: **www.matthaes.de/businessplan**. Die Vorlagen wurden mit MS Word und MS Excel erstellt. Falls Sie andere Programme verwenden, informieren Sie sich bitte über die Kompatibilität mit der von Ihnen eingesetzten Textverarbeitungs- und Tabellenkalkulationssoftware.

Zur Bearbeitung sind Grundkenntnisse der beiden Programme MS Excel und MS Word unerlässlich.

Die Tabellen sind schreibgeschützt. Zur Bearbeitung speichern Sie die Vorlagen vor der Bearbeitung bitte unter einem anderen Namen auf Ihrem Rechner ab.

Um die Tabellen dann bearbeiten zu können, müssen Sie den Schreibschutz aufheben: Speichern Sie die gewünschte Datei auf Ihrem Rechner ab, öffnen Sie sie und klicken Sie auf den Punkt »Überprüfen« in der Bearbeitungsleiste. Ganz rechts finden Sie den Button »Dokument freigeben«. Durch Anklicken wird der Dokumentenschutz aufgehoben.

WICHTIG	Änderungen, die Sie direkt in den Originaldateien vornehmen (ohne Abspeichern unter einem neuen Namen), überschreiben die Vorlagen.

Bedenken Sie, dass alle Eingaben außerhalb der gelben Felder zu Formeländerungen führen. Das kann zu falschen bzw. unsinnigen Kalkulationsergebnissen führen.

Literatur

Gastronomiekonzepte
- ▶ Kammerer, Helmut/Cordes, Eibe: Partyservice und Catering, Matthaes Verlag, Stuttgart 2007
- ▶ Nierhaus, Pierre/Ploner, Jean Georges: Reich in der Gastronomie, Matthaes Verlag, Stuttgart 2010
- ▶ Schumacher, Franziska: Der clevere Gastronom, Matthaes Verlag, Stuttgart 2007
- ▶ Trinkl, Christoph: Gewinn steigern!, Matthaes Verlag, Stuttgart 2006

Arbeitsorganisation und Zeitmanagement
- ▶ Seiwert, Lothar: Die Bärenstrategie, Heyne Taschenbuch, München 2007
- ▶ Küstenmacher, Werner Tiki/Seiwert, Lothar: Simplify your Life, Droemer Knaur, München 2008
- ▶ Lundin, Stephen C./Paul, Harry/Strand, Philip: Noch mehr Fisch!, Verlag Carl Ueberreuter, Wien 2002

Weitere auf die Gastronomie bezogene Fachbücher zum Thema Mitarbeiterführung, Kalkulation und Marketing sind über www.matthaes.de oder www.dehoga-shop.de zu beziehen.

Weiterbildungseinrichtungen

- ▶ **Gastronomisches Bildungszentrum (GBZ) Koblenz**
  www.gbz-koblenz.de

- ▶ **F&B Support Uwe Ladwig**
  Workshops, Seminare, Coaching für das Gastgewerbe
  www.f-bsupport.de

- ▶ **DEHOGA Unternehmerverband des Gastgewerbes**
  www.dehoga.de

- ▶ **Wirtschaftsschulen für Hotellerie und Gastronomie**
  www.wihoga.de

- ▶ **Gastronomische Akademie Deutschlands e.V.**
  www.gastronomische-akademie.de

Hilfreiche Internetseiten

Existenzgründung/Businessplan

www.althilftjung.de

www.bmj.de

www.bmwi.de

www.dehoga.de

www.dehoga-shop.de

www.dihk.de

www.existenzgruender.de

www.hma-koblenz.de

www.ihk24.de

www.matthaes.de

Förderung

www.arbeitsagentur.de

www.ahgz.de

www.bafa.de

www.bmwi.de

www.beratungsfoerderung.net

www.dihk.de

www.foerderdatenbank.de

www.interhoga.de

www.kfw-mittelstandsbank.de

Verlage

www.campus.de

www.redline-wirtschaft.de

www.matthaes-verlag.de

www.vnr.de

Statistiken und Daten

www.bgn.de

www.businesstargetgroup.com

www.destatis.de

www.statista.de

Zeitmanagement

www.seiwert.de

www.simplify.de

Soziale Netzwerke

www.ahgzpeople.de

www.facebook.de

www.xing.de

www.viadeo.de

www.twitter.com

Stellenbörsen

www.ahgzjobs.de

www.gastronomiecareer.de

www.job-hotel.eu

Gastronomieportale

www.abseits.de

www.bookatable.de

www.gastronomie-report.de

www.gastroxl.de

www.qype.de

www.dasgastroportal.de

www.mittagstipp.de

www.table-booking.de

Nachwort

Nun haben Sie das Rüstzeug für einen erfolgreichen Start. Die aufgeführten Beispiele sind als Anregung und Anschauungsmaterial gedacht und können sicher nur einen kleinen Teil des gastronomischen Spektrums wiedergeben.

Nutzen Sie die formalen Vorlagen, um Ihre individuellen Ideen einzubringen. Seien Sie kreativ, lösen Sie sich von überholten Erwartungshaltungen. Wichtig ist, bei auftretenden Schwierigkeiten nicht zu resignieren. Haben Sie Zweifel an der erfolgreichen Umsetzbarkeit Ihres Konzepts, verändern Sie es. Wägen Sie Ihre Erfolgschancen gut ab und scheuen sich nicht, »Stopp« zu sagen, wenn Ihnen durch die Ausarbeitung unkalkulierbare Risiken bewusst geworden sind.

Hören Sie auf Ihr Bauchgefühl und beobachten Sie den Markt. Achten Sie bei Trends darauf, ob diese nicht schon wieder verpuffen oder gar künstlich hervorgerufen und ohne jede Chance in Bezug auf Wirtschaftlichkeit und Gästebedürfnisse sind. Nehmen Sie sich Zeit, ausgiebig zu recherchieren und sorgfältig zu planen. Hinterfragen Sie sich selbst: »Bin ich ein Unternehmertyp?« – „Was sind meine Beweggründe?«, bevor Sie sich hinaus ins offene Meer der Selbstständigkeit wagen.

Arbeiten Sie kontinuierlich und ziehen Sie den Businessplan regelmäßig zur Erfolgskontrolle heran. Optimieren Sie permanent Ihr Konzept. Passen Sie es den jeweiligen Gegebenheiten an und gestalten Sie aktiv Ihren Unternehmenserfolg. Und wird die See dann doch einmal rau, scheuen Sie sich nicht, rechtzeitig einen Lotsen an Bord zu holen. Ich wünsche Ihnen viel Umsatz und viel Gewinn!

Lüneburg, im März 2010

Gerold Dawidowsky

AUTOR **Gerold Dawidowsky**

ist als Gastronomieberater tätig. Seine berufliche Entwicklung vom Koch zum Gastronomiebetriebswirt und zum zertifizierten Coach und Prozessberater macht ihn zu einem Experten, der die Praxis kennt. Der gebürtige Schwabe kann auf 30 Jahre Erfahrung mit verschiedensten Gastronomietypen zurückblicken. Berufspraxis und Branchenkenntnisse erwarb er während seiner Tätigkeiten als Betriebsleiter, Geschäftsführer und selbstständiger Gastronom. Vor diesem Hintergrund unterstützt und begleitet er Menschen auf deren Weg in die Selbstständigkeit, bei Um- oder Neupositionierung bestehender Betriebe und in Krisen- und Veränderungsphasen. Mit seinem breiten Erfahrungsspektrum steht er Privatpersonen und Unternehmen gleichermaßen zur Seite. Dabei legt er Wert auf die Förderung von Klarheit und Selbsterkenntnis, um sich so letztendlich überflüssig zu machen.

Seine Arbeitsschwerpunkte sind: Coaching von Führungskräften, Existenzgründungsberatung, Konzeptanalyse und -optimierung, Neupositionierung und Veränderungsmanagement.

Kontakt:
dawidowsky@hogacoaching.de
www.hoga-coaching.de